HISTORIQUE DE LA GUERRE

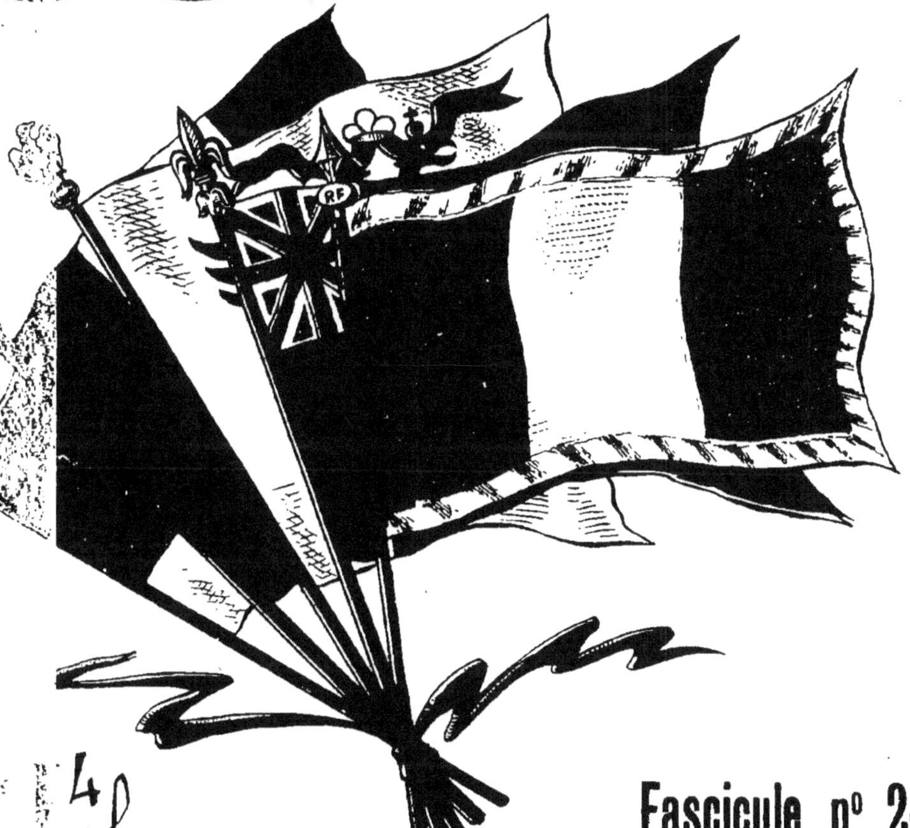

Fascicule n° 24

PAR

Ferdinand BAUDOUIN

*Ancien Officier de Réserve
Juge de paix à Ruffec, Maire de Couture-d'Argenson (2-Sèvres)
Officier de l'Instruction Publique*

HISTORIQUE
DE
LA GUERRE
PAR
Ferdinand BAUDOUIN
Ancien Officier de réserve,
Juge de Paix à Ruffec, Maire de Couture-d'Argenson,
Officier de l'Instruction Publique.

VINGT-QUATRIÈME PARTIE

Progrès français au sud-est de Notre-Dame-de-Lorette.
Nouveau raid de zeppelins et d'avions allemands sur l'Angleterre.
Les troupes françaises progressent en Alsace sur les deux rives de la Fecht.
L'aviateur Garros est fait prisonner par les Allemands.
Les escadres alliées bombardent les forts des Dardanelles.
Nouveau bombardement de Reims par les Allemands.
Les Turcs subissent des pertes importantes en Mésopotamie.
Les Anglais repoussent deux attaques à Zvartelen (cote 60).
Les Allemands attaquent au nord d'Ypres en employant des gaz asphyxiants.
Violents combats au Reichackerkopf (Alsace).
Les alliés débarquent sur les deux rives des Dardanelles.
Les Allemands sont repoussés aux Eparges.

NIORT
IMPRIMERIE TH. MARTIN
Rue Saint-Symphorien

1915

HISTORIQUE DE LA GUERRE

15 AVRIL 1915

Progrès français au sud-est de Notre-Dame-de-Lorette. — Un sous-marin allemand coule le vapeur hollandais « Katwijk ». — Progrès français sur la Lauch (Alsace). — Les combats continuent dans les Carpathes, dans la région d'Uszok.

Situation des armées sur le front occidental

Les Allemands avaient organisé il y a quelques jours une attaque destinée à percer les lignes belges sur l'Yser. Cette attaque au sud de Driegrachten débuta par un léger succès puisque quelques détachements allemands réussirent à passer l'Yser, mais ce succès fut de courte durée car les Belges, après s'être établis sur la rive droite de la rivière, réoccupèrent les positions qui leur avaient été enlevées sur la rive gauche et le résultat final fut pour les Allemands une véritable défaite avec une quantité considérable de morts et de blessés. Des dépêches particulières apprennent qu'à la suite de cet échec des troupes autrichiennes sont venues renforcer les troupes allemandes et qu'une nouvelle attaque des positions belges au sud de Dixmude est commencée. Il y a tout lieu de croire qu'elle n'aura pas plus de succès que celle de la semaine dernière.

Nos succès entre Meuse et Moselle se continuent. Nous tenons solidement aux Eparges où les contre-attaques allemandes se succèdent sans interruption comme sans succès du reste. Chaque attaque est précédée d'un violent bombardement. Sur la ligne sud de Saint-Mihiel, à Pont-à-Mousson, nous continuons à resserrer l'ennemi. Au bois d'Ailly, nous nous sommes emparés d'une bande de terrain de quatre cents mètres de long sur 100 mètres de profondeur.

Au bois de Mortmare nous nous sommes solidement établis sur le terrain conquis et au bois Le Prêtre nous avons repoussé une violente contre-attaque destinée à reprendre les tranchées que nous avions prises le 13 avril.

En Alsace, les combats paraissent avoir repris puisque dans la vallée de la Lauch nous avons progressé de 1.500 mètres dans la direction de Schnepfenriethkopf, ce qui est un très beau succès.

Nous avons à nouveau pris l'offensive au nord d'Arras dans la région de Notre-Dame-de-Lorette et nous nous sommes emparés dans une attaque à la baïonnette de toutes les pentes sud-est de la position jusqu'à Ablain-Saint-Nazaire, faisant de nombreux prisonniers et nous emparant de deux mitrailleuses.

F. B.

Nouvelles diverses publiées par les journaux

— Le 14 avril, le vapeur hollandais *Katwyk* venant de Baltimore avec un chargement de blé pour le gouvernement hollandais a été coulé par un sous-marin allemand, alors qu'il était à l'ancre près du bateau phare de Noordhinder. En outre, des bâtiments de guerre allemands ont saisi quatre chalutiers hollandais qu'ils ont emmenés à Cuxhaven. Ces actes ne sont pas de nature à rétablir les bonnes relations entre l'Allemagne et la Hollande.

— Le vapeur anglais *Ptarmigan* a été torpillé hier près du bateau phare de Noordhinder.

— Un avion allemand a jeté ce matin, 15 avril, sept bombes sur Calais. Une personne a été légèrement blessée.

— Un avion allemand a été abattu le 13 avril à l'est de

Lunéville par un avion français. Les deux aviateurs ont été carbonisés.

— Un zeppelin a jeté des bombes sur Bailleul le 14 avril, tuant trois civils.

— Un zeppelin a été endommagé le 12 avril près d'Ypres, par le tir de l'artillerie, il est parvenu à atteindre Alterbrug près de Tirlemont où il s'est pris dans des arbres et a été détruit.

— Un aviateur français a survolé ce matin la Forêt Noire et a jeté quatre bombes à Stokach.

— Un avion français a jeté cinq bombes sur le grand quartier général allemand à Mézières-Charleville, les projectiles sont tous tombés sur les bâtiments. Nos aviateurs ont également bombardé la gare de Fribourg-en-Brisgau. Une escadrille de 15 avions a jeté des bombes sur les bâtiments militaires allemands à Ostende. Tous les aviateurs sont rentrés indemnes.

En Russie. — Dans les Carpathes, dans la région du col d'Uszok les combats continuent. Les Russes ont capturé 1.000 prisonniers et pris deux mitrailleuses. Les tentatives des Autrichiens en Bukovine pour passer le Pruth dans la région de Czernowitz ont échoué. Les Autrichiens eux-mêmes reconnaissent leur impuissance, ils écrivent: « Une grande bataille s'est engagée entre la Stryz et la vallée de l'Orava. Une armée allemande composée des meilleures troupes a attaqué les Russes qui faisaient route sur Bereg. Après 32 heures de lutte acharnée, les Russes sont parvenus à refouler les Allemands auxquels ils ont pris une grande quantité d'armes et de munitions. »

En Turquie. — Les opérations des flottes alliées sont arrêtées par des pluies torrentielles.

En Italie. — Certains journaux de Rome qui n'ont plus aucun doute sur l'intervention de l'Italie, publient que l'acte décisif du gouvernement aura lieu dans le courant du mois.

Un décret du gouvernement italien vient de prohiber

l'exportation de toute espèce de navires et d'embarcations. Une autre décision interdit le transport par les navires italiens des colis postaux allemands.

Documents historiques, récits et anecdotes

DES OFFICIERS ALLEMANDS ASSASSINENT LEURS GARDIENS. — M. Baclot, maître cordonnier à Gueugnon (Saône-et-Loire), vient d'apprendre la mort de son fils, soldat de la classe 1914, tué dans les circonstances suivantes:

Un jour, après une belle attaque à la baïonnette, Baclot et son sergent de section firent deux officiers allemands prisonniers après qu'ils eurent jeté leurs armes et levé les bras en l'air en signe de soumission.

Baclot et son sergent emmenaient leurs prisonniers vers l'arrière des lignes françaises. Les deux lâches Prussiens marchaient docilement devant eux, ayant les mains dans leurs poches. Tout à coup, ils se retournèrent, armé de revolvers qu'ils avaient dû soigneusement cacher, et tirèrent à bout portant sur leurs gardiens.

Baclot et son sergent avaient été atteints mortellement. Néanmoins, ils eurent le temps d'appeler leurs camarades à l'aide et les deux officiers assassins — qui avaient pris la fuite — furent à nouveau capturés.

Dépêches officielles

Premier Communiqué

Près de la Boisselle, notre artillerie lourde a complètement bouleversé les tranchées et les abris de l'ennemi à Ovillers.

En Argonne, près de Fontaine-aux-Charmes, une action toute locale de tranchées à tranchées s'est poursuivie à notre avantage. Notre ascendant sur l'ennemi s'affirme de plus en plus dans ce secteur.

Aux Eparges, l'ennemi a bombardé nos positions, mais n'a pas attaqué.

Au bois d'Ailly, nos derniers progrès nous ont rendus maîtres d'une partie de la tranchée principale allemande et, au nord de cette tranchée, d'une bande de terrain de quatre cents mètres de long sur cent mètres de profondeur.

Près de la route Essey-Flirey (bois de Mortmare), la nouvelle tranchée que nous avons conquise est toujours en notre pouvoir.

Près de Fey-en-Haye, bombardement sans attaque d'infanterie.

Au bois Le Prêtre, après avoir conquis le 13 une partie de la ligne ennemie, nous avons, hier, maintenu nos gains et arrêté une contre-attaque.

En Alsace, au nord de la Lauch, nous avons progressé de 1.500 mètres dans la direction du Schnepfenriethkopf (sud-ouest de Metzeral).

Deuxième Communiqué

Au nord d'Arras, nous avons remporté un brillant succès qui complète celui du mois dernier. Tout l'éperon sud-est de Notre-Dame-de-Lorette a été enlevé à la baïonnette par nos troupes qui tiennent maintenant la totalité des pentes sud-est jusqu'aux lisières d'Ablain-Saint-Nazaire. Nous avons fait 160 prisonniers, dont plusieurs officiers, pris trois lance-bombes et deux mitrailleuses.

A Thiepval et à la Boisselle, région d'Albert, l'ennemi a tenté deux attaques qui ont été immédiatement arrêtées.

En Argonne, à Bagatelle, notre artillerie a démoli la tranchée principale allemande. Plus à l'est, aux Meurissons, nous avons repoussé une attaque.

Aux Eparges, l'ennemi a contre-attaqué trois fois dans la nuit de mercredi à jeudi pour nous reprendre le saillant est. Il a été repoussé et a subi de fortes pertes. A midi, il a violemment bombardé la position mais n'a pas attaqué.

Au bois de Mortmare, nous avons repoussé une contre-attaque et poursuivi sur le terrain conquis le 13 l'inventaire de notre butin: deux canons-revolvers, deux lance-bombes, une mitrailleuse, plusieurs centaines de fusils, des milliers de cartouches et de grenades.

Au bois Le Prêtre, nous avons repoussé une attaque et fait des prisonniers.

---

16 AVRIL 1915

Nouveau raid de zeppelins et d'avions allemands sur l'Angleterre. — Des aviateurs français font sauter la poudrerie de Rothweil (Allemagne). — Un avion allemand jette des bombes sur Amiens. — Des attaques allemandes sont repoussées aux Eparges et à Notre-Dame-de-Lorette. — Un dirigeable français jette des bombes sur Strasbourg.

Situation des armées sur le front occidental

Les communiqués du 16 avril sont très laconiques, et seul celui de 23 heures signale quelques actions qui se sont déroulées dans la matinée du 16.

Comme il fallait s'y attendre, les Allemands, à la suite de leur échec de la veille à Notre-Dame-de-Lorette, ont contre-attaqué violemment et plusieurs fois en faisant précéder chacune de leurs attaques d'un bombardement intense de nos positions; mais il faut croire que leur artillerie n'a pas la supériorité suffisante pour ce genre d'opérations pas plus du reste que leur infanterie n'a l'entraînement voulu, car toutes leurs attaques ont été arrêtées net.

Les Allemands ont également tenté une contre-attaque

contre les Eparges, elle n'a pas eu plus de succès que celles dirigées contre Notre-Dame-de-Lorette.

Au bois de Mortmare, il n'est signalé aujourd'hui aucune action d'infanterie, seule l'artillerie s'est fait entendre et encore, nous avons imposé silence à trois batteries ennemies qui ont été fortement endommagées ainsi qu'un dépôt de munitions qui a sauté.

Comme on le voit, la journée, si elle n'est pas fertile en événements sensationnels a été quand même bien employée puisqu'elle se solde par des succès.

Nos aviateurs déploient toujours une très grande activité et on nous annonce officiellement que des bombes et des obus ont été jetés utilement sur les positions ennemies.

Dix bombes ont été jetées sur les ateliers du chemin de fer de Leopoldshöhe (est de Huningue) où on fabrique des obus.

Dix obus ont été lancés sur la poudrerie de Rothweil, et aussitôt une flamme rouge s'est élevée des bâtiments, elle était surmontée d'une épaisse fumée.

Quarante obus ont été jetés sur le central électrique de Mezières-les-Metz (15 kilomètres au nord de Metz). Cette usine fournit la force électrique et l'éclairage de la ville de Metz et des forts. Une épaisse fumée s'est élevée du bâtiment central.

Tous nos aviateurs sont rentrés, non sans avoir été canonnés.

F. B.

Nouvelles diverses publiées par les journaux

— Un avion allemand a été abattu hier par l'artillerie, il est tombé dans les lignes allemandes, face aux tranchées anglaises, au nord d'Ypres.

— Le 15 avril, le lieutenant aviateur Garros a abattu un avion allemand entre Ypres et Armentières.

— Un avion allemand a survolé Amiens ce matin, 16

avril, il a laissé 5 bombes sur la ville, elles ont fait treize victimes, six tués et sept blessés, dont deux gardes-voie. Un autre avion est venu le tantôt, l'une des bombes qu'il a jetées a tué une femme et en a blessé une autre.

— Des avions allemands ont survolé l'Angleterre aujourd'hui, 16 avril, ils ont jeté des bombes qui n'ont pas occasionné de dégâts.

Des zeppelins ont également jeté des bombes sur Maldon, Essex, Heybridge et Lowostift.

— Le 15 avril, deux avions allemands ont jeté quatre bombes sur Gérardmer, on ne signale ni victimes, ni dégâts.

— Le même jour, un avion allemand a survolé les lignes françaises de Seppois, Pfetterhouse et Réchésy.

— Un avion allemand a lancé hier sept bombes sur Calais une seule personne a été légèrement blessée.

— On annonce que le petit-fils de M. Gladstone a été tué à l'ennemi sur le front britannique.

— La direction des chantiers de la Gironde fait connaître qu'elle lancera le 1ᵉʳ mai, le cuirassé d'escadre *Languedoc* destiné à la marine nationale.

— Un fabricant d'horlogerie du Locle (Suisse) ayant envoyé une montre au général Joffre, celui-ci lui a répondu: « J'ai reçu la belle montre que vous m'avez envoyée et je vous en remercie vivement. Le souhait que vous formulez pour la victoire des alliés se réalisera prochainement, grâce au courage de nos soldats. »

En Russie. — Dans les Carpathes, les troupes russes se sont emparées après une charge à la baïonnette de deux hauteurs importantes. Des attaques austro-allemandes ont été repoussées dans la région de Stryl.

On parle très sérieusement d'une diversion allemande dans la région d'Ossowietz, maintenant que l'état des routes s'est amélioré en Prusse orientale et dans le nord de la Pologne.

Les Allemands prétendent qu'une pression dans le Nord

pourrait amener un ralentissement de l'effort russe dans les Carpathes.

En Turquie. — Dans la matinée du 15 avril, un croiseur français a détruit un pont de la voie ferrée qui relie le réseau intérieur de la Syrie à la ville de Saint-Jean-d'Acre.

Les Turcs déploient une activité fiévreuse pour la défense d'Andrinople et de la frontière bulgare. Les troupes d'Andrinople ont été expédiées à Kirk-Kilissé pour renforcer la ligne frontière.

Documents historiques, récits et anecdotes

La blessure à la guerre est la plus belle dot. — L'histoire que nous allons conter est rigoureusement vraie, en dépit de son apparence romanesque. Le vrai peut quelquefois... Elle illustre de façon touchante la guerre actuelle qui fait éclore dans les âmes de l'héroïsme, de la beauté et, sur les chemins ensanglantés de l'épopée, met des reposoirs où fleurit l'idylle.

Il y a quelques jours, une luxueuse automobile stoppait devant un restaurant, dans une ville du Midi. Une jeune femme d'une grande beauté descendit la première et, se retournant, donna la main pour l'aider à son compagnon, un jeune homme aveugle, décoré de la médaille militaire.

C'étaient deux jeunes mariés habitant les environs, et dont l'union était un petit roman. Quelqu'un le conta ainsi quand ils furent partis:

La jeune femme est la fille du plus riche châtelain du pays. Le jeune homme est le fils de son fermier.

Bel homme, doué d'une intelligence vive, sérieux, travailleur, il était sorti n° 1 de l'école d'agriculture et possédait l'estime de tout le monde.

Malgré leur situation différente, les jeunes gens s'aimaient et s'était juré, quoiqu'il pût advenir, d'être l'un à l'autre pour la vie.

Il y a deux ans environ, le père du jeune homme se présentait au château et demandait, pour son fils, la main de la jeune fille. Il essuya un refus formel. Il n'était pas assez riche!

Le pauvre homme s'en revint tristement annoncer à son fils qu'il devait bannir tout espoir.

Le lendemain les jeunes gens échangeaient une correspondance dans laquelle ils renouvelaient leurs serments et les jours passèrent.

Survint la guerre. Le 8 août le jeune homme partit rejoindre son corps comme sergent. Avant de partir il écrivit à la jeune fille: « Je ferai tout mon devoir et peut-être trouverai-je la mort; ainsi vous serez libre; vous m'oublierez et pourrez vous constituer une famille. » La jeune fille répondit: « Faites tout votre devoir; mais ne vous exposez pas inutilement; si vous mourez, ou je mourrai, ou je vivrai avec votre souvenir. »

A la bataille de la Marne, le jeune sergent, ayant accompli une action d'éclat, fut cité à l'ordre du jour de l'armée et proposé pour la médaille militaire. Le lendemain un obus éclatait près de lui; il tomba grièvement blessé. On le porta à une ambulance, puis on l'envoya dans un hôpital du Centre. Après quelques mois de soins, il revenait avec la médaille militaire, mais, hélas! il avait perdu la vue.

La jeune fille l'apprit à son père et lui demanda si sa volonté de s'opposer à son mariage était toujours la même.

Le père, ouvrant les bras à sa fille: « Non, dit-il, car à mes yeux sa cécité constitue une dot aussi belle que la tienne. »

Quelques jours plus tard le mariage eut lieu. Le soir, la mère du jeune homme disait à son fils: « Quel malheur que tu ne puisses pas voir ta si jolie femme! »

« Mais je la vois maman, répondit-il; je la vois aussi bien que toi, et ce qui augmente encore mon bonheur, c'est que les années pourront passer, ses cheveux pourront blanchir et ses traits se rider, je la verrai toujours avec sa belle chevelure brune, avec ses yeux pleins de jeunesse, avec les traits purs et le charme divin de ses vingt ans. »

N'est-ce pas que l'histoire, absolument authentique, est touchante? (*Petit Parisien.*)

Dépêches officielles

Premier Communiqué

Aucune action nouvelle sur le front depuis le communiqué d'hier soir.

Deuxième Communiqué

A Notre-Dame-de-Lorette, les Allemands ont contre-attaqué trois fois, en préparant chaque contre-attaque par un violent bombardement; ils ont été toutes les fois arrêtés net.

Ils ont échoué de même dans une tentative de contre-attaque aux Eparges, la nuit dernière.

Au bois de Mortmare, combat d'artillerie; nous avons réduit au silence trois batteries et fait sauter un dépôt de munitions.

---

17 AVRIL 1915

Les troupes françaises progressent en Alsace sur les deux rives de la Fecht. — Un dirigeable français bombarde les hangars d'aviation de Fribourg-en-Brisgau. — Un cuirassé français bombarde El-Arish (orient). — Le contre-torpilleur turc « Demir-Kapou » est détruit à Chio.

Situation des armées sur le front occidental

Depuis la mer jusqu'en Alsace, il n'est signalé que des opérations d'un intérêt secondaire mais qui méritent quand même d'être signalées car elles sont une nouvelle preuve de la belle tenue de nos troupes, en présence des attaques ennemies. Dans les Vosges nous paraissons prendre une nouvelle offensive.

Le communiqué d'aujourd'hui, 23 heures, nous dit que nous avons arrêté net trois contre-attaques allemandes sur Notre-Dame-de-Lorette. Cette position, quoique n'étant pas aussi importante que celle des Eparges, a une réelle valeur, elle commande la plaine qui va de Lens à Béthune et lorsque nous la posséderons entièrement nous dominerons l'adversaire dans cette région; c'est pourquoi il s'accroche désespérément au peu de terrain qui lui reste, sur cette crête de 5 kilomètres environ de longueur.

En Champagne, les Allemands paraissent essayer quelques attaques, tantôt sur un front, tantôt sur un autre; hier, ils ont fait exploser un fourneau de mine au nord-ouest de Perthes et ils ont occupé un des entonnoirs, pas pour longtemps, sans doute. Au nord de Mesnil, ils ont essayé une attaque qui n'a pas réussi. Ces actions de détail sont de peu d'importance, elles se renouvellent à toute heure du jour sur notre immense front et elles ne deviennent réellement intéressantes que quand elles sont le prélude de grosses opérations comme celles que nous avons réalisées à Notre-Dame-de-Lorette, aux Eparges et à l'Hartmannswillerkopf.

Nous paraissons vouloir réaliser des progrès sur les deux rives de la Fecht, dans la direction de Colmar. Il est dit, dans le dernier communiqué, que sur la rive Nord nous nous sommes emparés de la partie ouest de l'éperon du Sillakerwasen et que sur la rive Sud nous avons enlevé le Schnepfenricthkopf éperon de 1,253 mètres d'altitude. Ces deux sommets ont une réelle importance parce qu'ils commandent les deux vallées qui se rejoignent à Metzeral. Nos troupes ont déployé dans ces deux opérations qui présentaient de grandes difficultés, une vigueur et un entraînement extraordinaires qui font bien augurer de l'avenir.

F. B.

Nouvelles diverses publiées par les journaux

— Cinq aviateurs français et un aviateur anglais ont lancé hier une grande quantité de bombes sur plusieurs villes allemandes de la rive droite du Rhin. L'aviateur anglais a incendié la gare de Haltingen.

— Ce matin, 17 avril, un avion allemand a survolé Belfort, il a jeté trois bombes dont une, en éclatant, a blessé légèrement un homme et une femme.

— On apprend de Copenhague qu'un dirigeable allemand du type Parseval a été détruit par accident.

— Un sous-marin allemand est entré cette semaine dans le port de Zeebrugge, très endommagé. Il a été envoyé à Anvers.

— Le prince Georges de Grèce, vient de partir pour Paris, chargé d'une mission spéciale du gouvernement grec.

— Lord Rothschild, qui vient de mourir à Londres, laisse à son fils Nathaniel Rothschild une succession de 62 millions de francs.

— Le capitaine Owen, gendre de M. Bryan, secrétaire d'Etat américain vient de partir pour les Dardanelles avec les forces britanniques.

— M. Léon Pascal, député d'Avesnes, capitaine de chasseurs à pied, qui avait été interné à Torgau, lors de la chute de la forteresse de Maubeuge, vient de rentrer à Paris, chargé d'une mission du gouvernement allemand sur la question des échanges des médecins militaires et des prisonniers civils français et belges.

— On apprend que le soldat François Laugier, de Nice, dont la mort avait été annoncée à sa femme est prisonnier de guerre à Hammelburg. Le soldat Lambert, de Draguignan, dont on n'avait pas eu de nouvelles depuis le 6 août est prisonnier en Bavière.

— On signale l'arrestation à Marseille, de plusieurs employés de l'intendance qui auraient favorisé, moyennant gratifications, divers fournisseurs de l'armée. Le préjudice causé à l'Etat par ces complaisances et malversations s'élèverait à 10 millions.

En Russie. — On ne signale aucune modification sur l'ensemble du front russe. La lutte subit forcément un arrêt après le gros effort des jours précédents.

Le butin de Przemysl comprend 1.010 canons, 60.000 projectiles et 20.000 gargousses. La plupart des canons sont en bronze.

En Turquie. — Le contre-torpilleur turc *Demir-Kapou* a lancé, sans l'atteindre, 3 torpilles contre le transport anglais *Manitou* qui avait des troupes à bord. Le torpilleur aussitôt poursuivi, s'est réfugié dans la baie de Kalumati (Ile de Chio). Il s'est échoué sur la côte où il a été détruit. Une centaine d'hommes du transport ont été noyés.

Dix navires de la flotte alliée se sont approchés d'Enos, ils ont détruit un campement turc.

Un cuirassé anglais a pénétré dans les détroits le 16 avril. Il a bombardé Kilid-Bahr, en face Chanak.

Documents historiques, récits et anecdotes

UN AVIATIK DESCENDU. — Un jeune élève pilote raconte en ces termes un exploit brièvement signalé récemment dans les communiqués officiels:

« Le 1er avril, Navarre, passé sergent de la veille, part en coucou à cinq heures du matin, avec un tout jeune observateur, le sous-lieutenant Robert. A huit heures quinze, il réussit à rejoindre et à couper de ses lignes un aviatik que le sous-lieutenant Robert abat, à 15 mètres, de trois coups de mousqueton. La première balle va se loger sous l'indicateur de vitesse. La deuxième passe à travers la toile, brise le péroné du pilote, passe au travers du réservoir à essence sous pression, et, après avoir éraflé le talon de l'observateur, va se loger sous le plancher en aluminium. Louis a cette balle, et moi j'ai comme souvenir le bout de plancher percé par la balle. Enfin, la troisième perce le radiateur, la toile et va se loger dans le réservoir. D'où, descente, aussitôt suivie par Navarre.

« Arrivé à terre, le pilote s'est assis sur le capot et s'est mis à fumer une cigarette après avoir bandé son genou avec son mouchoir. Quand Navarre s'est approché, il paraît qu'il l'a salué d'un bonjour dans le plus pur accent parisien; d'où étonnement de Navarre. Quant à l'observateur, c'était un herr lieutenant, avec un grand col et des grosses lunettes rondes en or, qui n'a pas daigné regarder nos aviateurs. Il voulait à peine saluer le général qui l'interrogeait. Vous parlez d'un chameau, alors! Il a été bouclé. C'était, paraît-il, sa première reconnaissance au-dessus de nos lignes. En voilà un qui ne doit pas porter l'aviation dans son cœur. Navarre revint au champ. Poignées de mains, félicitations, vous pensez bien que rien ne lui a manqué. »

Dépêches officielles

Premier Communiqué

Rien n'a été signalé depuis le communiqué d'hier soir.

Deuxième Communiqué

A Notre-Dame-de-Lorette, nous avons arrêté net, dans la nuit de vendredi à samedi, trois contre-attaques moins fortes que celles de la nuit précédente. Nos troupes se sont solidement organisées sur la position conquise.

Dans la vallée de l'Aisne, notre artillerie lourde a bombardé les grottes de Pasly, qui servent d'abris aux troupes allemandes; des explosions successives ont témoigné de l'effondrement de plusieurs d'entre elles.

En Champagne, au nord-ouest de Perthes, l'ennemi a fait exploser deux mines à proximité de nos tranchées; il a occupé les deux entonnoirs, nous l'avons chassé de l'un aussitôt, il a conservé l'autre. Aucune partie de nos tranchées n'a été occupée par lui.

Non loin de là, au nord de Mesnil, une attaque contre un des saillants de notre ligne a été facilement repoussée.

En Woëvre, combats d'artillerie, notamment dans la région du bois de Mortmare; aucune action d'infanterie ni hier, ni aujourd'hui.

Dans les Vosges, nous avons réalisé de sensibles progrès sur les deux rives de la Fecht. Sur la rive nord, nous nous sommes emparés de l'éperon ouest du Sillakerwasen (ouest de Metzeral) et nous avons débouché dans le ravin qui descend vers la Fecht. Sur la rive sud nos chasseurs, après une attaque brillante, ont enlevé le sommet du Schenpfenriethkopf (1.253 mètres d'altitude), point culminant du massif qui sépare les deux vallées aboutissant à Metzeral.

---

18 AVRIL 1915

Une attaque allemande contre Orbey est repoussée. — Progrès français en Alsace. — Le vapeur grec « Ellispontos » est coulé par un sous-marin allemand. — L'aviateur Garros est fait prisonnier par les Allemands.

Situation des armées sur le front occidental

Quoique les communiqués officiels n'en fassent pas mention, il paraît que le 16 avril une attaque allemande sur Lombaertzyde et une autre au sud de Dixmude, ont été repoussées par les Belges avec de grosses pertes pour l'ennemi. Il faut s'attendre à de fréquents combats dans cette région car les eaux baissent avec rapidité autour de Dixmude.

Fascicule 24

Sur la partie du front qui s'étend de la Belgique à l'Aisne, la journée a été relativement calme. De l'Aisne en Haute-Alsace, l'ennemi a exécuté, sur différents points plusieurs contre-attaques qui n'ont eu aucun succès.

Au bois de Saint-Mard, dans la vallée de l'Aisne, les Allemands ont esquissé une attaque qui a été arrêtée par le feu de notre artillerie, puis repoussé par nos troupes dans une brillante charge à la baïonnette.

Au nord ouest d'Orbey, en Alsace, les choses se sont passées de la même façon, mais le résultat a encore été plus mauvais pour les Allemands car ils ont eu des pertes très sérieuses en morts et en prisonniers.

On signale également quelques attaques ennemies en Lorraine à Buves, Monacourt, Emberménil et Saint-Martin, mais elles ont été peu sérieuses et facilement repoussées.

La lutte a été très violente autour du Petit Reichackerkopf où, par trois fois consécutives nos tranchées ont été attaquées sans succès.

Nous avons attaqué nous-mêmes en Champagne, au nord-ouest de Perthes, où nous avons réussi à déloger l'ennemi de l'entonnoir qu'il avait occupé hier, nous avons profité de cet avantage pour nous emparer d'une tranchée ennemie.

Nous avons continué nos progrès sur la rive gauche de la Fecht au-delà du Schnepfenrieth. Notre offensive paraît vouloir se développer dans cette partie de l'Alsace.

F. B.

Nouvelles diverses publiées par les journaux

— Le 17 avril, à 5 heures du soir, le vapeur grec *Ellipontos* allant de Hollande à Montévidéo, a été coulé dans la mer du Nord par un sous-marin allemand.

— Un dirigeable français a bombardé hier les hangars d'aviation de Fribourg-en-Brisgau.

— Ce matin, 18 avril, à 7 heures, un avion allemand a survolé Belfort et a lancé deux bombes dont une a occasionné un commencement d'incendie.

— On annonce que le capitaine aviateur allemand Loir, a été tué dans un accident d'aéro à Rosenheim.

— Le prince de Connaught, cousin du roi d'Angleterre, a remis au général Maunoury les insignes de grand-croix de l'ordre de Saint-Michel et Saint-Georges, la plus haute distinction militaire d'Angleterre.

— Un zeppelin, mis par l'Allemagne à la disposition de l'Autriche est tombé dans l'Adriatique et a été complètement détruit.

En Russie. — La bataille dans les Carpathes se déroule actuellement entre Telepoch et Zuella.

Les renforts allemands se portent surtout à l'aile orientale du front des Carpathes. Ces renforts viennent d'être portés à dix corps d'armée complets.

Les communiqués du grand-duc Nicolas deviennent de plus en plus brefs, ce laconisme est habituellement précurseur de mouvements très importants. On croit qu'une grande bataille est engagée pour la possession du col d'Uszok. Les opérations en Bukovine sont arrêtées par suite des débordements des rivières.

En Turquie. — Les alliés préparent activement une attaque des détroits par terre et par mer.

L'amirauté anglaise annonce que le sous-marin anglais *E-15* accomplissant le 17 avril une reconnaissance difficile dans le champ de mines de Kephis, détroit des Dardanelles, s'est échoué à la pointe de Kephis. L'équipage du sous-marin a été fait prisonnier par les Turcs.

Le délai accordé au gouvernement de Smyrne pour la reddition de la ville expire le 23 avril. Ce long délai a paraît-il été accordé pour permettre à la Grèce de prendre une décision relativement à sa coopération avec les flottes alliées. Passé ce délai, si elle n'a pas pris une décision les alliés se trouveront libérés des engagements pris à son égard en ce qui concerne la ville de Smyrne.

Documents historiques, récits et anecdotes

LE RAID D'UN DIRIGEABLE FRANÇAIS SUR STRASBOURG. — *Un récit allemand avoue qu'il a produit quelque effet.* — Les citoyens strasbourgeois dormaient, mais les soldats veillaient et éclairaient infatigablement le ciel. Ce fut peu après une heure trente du matin que les explosions commencèrent et éveillèrent en sursaut les habitants. On se rendit rapidement compte de la gravité de la situation. Le peu de gens qui étaient dans les rues entendirent le bruit des moteurs, et chacun se réfugia chez lui. Puis les portes et les fenêtres commencèrent à s'ouvrir, les citadins éveillés, vinrent voir ce qui se passait.

On entendit ensuite les explosions des bombes du dirigeable et celles de nos obus. Il y eut un quart d'heure d'émotion pendant lequel la terre trembla sous le retentissement des nombreuses bombes que jetait l'ennemi. La plupart étaient de fort calibre.

On croit que la première bombe est tombée sur la gare, qui était brillamment éclairée; une deuxième bombe, moins puissante, tomba exactement devant les bureaux de poste, perçant un trou par où aurait pu passer un baril de cinquante litres. Un camion postal qui se trouvait auprès fut considérablement endommagé. Dans un rayon de cinquante à cent mètres alentour presque toutes les vitres furent cassées. Rue Kronenburger, la chaussée fut enfoncée sur une largeur de quatre mètres. Mais enfin le dirigeable repartit dans la direction du Sud.

Dépêches officielles

Premier Communiqué

Une attaque allemande, préparée par un violent bombardement, a été prononcée par un bataillon contre nos positions au nord-ouest d'Orbey (Alsace). Elle a été repoussée. L'ennemi a laissé de nombreux morts devant nos tranchées. Nous avons fait une quarantaine de prisonniers.

Deuxième Communiqué

Journée relativement calme, marquée surtout par des combats d'artillerie et par quelques actions d'infanterie toutes locales.

Dans la vallée de l'Aisne, au bois de Saint-Mard, l'ennemi a attaqué nos tranchée à la fin de l'après-midi; notre artillerie l'a arrêté net; une charge à la baïonnette lui a infligé des pertes sérieuses.

En Champagne, au nord-ouest de Perthes, les Allemands ont dû évacuer l'entonnoir qu'ils occupaient encore à proximité de nos lignes. De notre côté, par une explosion de mines suivie d'une attaque, nous avons enlevé soixante mètres de tranchées ennemies.

En Woëvre, simple canonnade.

L'ennemi a prononcé en Lorraine, aux environs de la forêt de Parroy, plusieurs petites attaques avec de faibles effectifs, notamment près de Bures, de Monacourt, d'Emberménil et de Saint-Martin. Toutes ces tentatives ont été facilement repoussées.

En Alsace, les Allemands ont attaqué trois fois sans succès nos tranchées du petit Reichackerkopf; nous avons d'autre part fait de nouveaux progrès dans la région de Schnepfenricth.

---

19 AVRIL 1915

Succès des anglais à Zvartelen, cote 60 (Belgique). — Les Français continuent à avancer sur les deux rives de la Fecht (Alsace). — Les escadres alliées bombardent les forts des Dardanelles.

Situation des armées sur le front occidental

Il résulte de renseignements privés que les troupes allemandes et les troupes belges sont toujours aux prises sur le front de l'Yser et que dans la nuit du 17 au 18 le combat fut particulièrement violent.

Le premier communiqué du 19 avril nous fait connaître que les troupes anglaises ont remporté un succès important en Belgique près de Zvartelen. Le ministère de la guerre anglais est plus explicite et il donne des détails circonstanciés sur cette opération qui a commencé dans la soirée du 17 avril par l'explosion d'une mine au point cote 60, situé à l'est d'Ypres à deux milles environ au sud de Zillebeke. A la suite de cette explosion, les troupes anglaises ont occupé l'emplacement explosé, elles ont eu à résister dans la journée du 18 à plusieurs contre-attaques allemandes et finalement, dans la soirée du même jour, elles ont occupé complètement la position qui domine le terrain situé au nord et au nord-ouest, menaçant ainsi la route de Menin. Cette opération toute locale a pour l'avenir une réelle valeur.

Quelques combats sont également signalés, aux Eparges, où nous avons repoussé une contre-attaque allemande, dans la nuit du 18 au 19 avril et au bois de Mortmare où la lutte s'est déroulée sans résultat appréciable.

L'offensive française sur les deux rives de la Fecht paraît se prononcer d'une façon énergique et dans la soirée du 18 et la matinée du 19 nous avons progressé dans de sérieuses proportions. Nous avons occupé, sur la rive gauche, la crête du Burgkorpfle et, sur la rive droite, une série de hauteurs, notamment celle qui commande le cours de la Fecht en face de Burgkorpfle, prenant 2 canons de 74 et 2 mitrailleuses. A la dernière heure on apprend que les Allemands ont évacué précipitamment Esclsbrucke, au sud de Metzeral, abandonnant un nombreux matériel. Notre offensive se fait également sentir en Haute-Alsace, la bataille est engagée au sud de l'Hartmannswillerkopf, dans les maisons de Steinbach, dans les ruines du château de Hilgstein et de Watwiller, ainsi que sur la ligne Pfetterhouse-Seppois.

F. B.

Nouvelles diverses publiées par les journaux

— Le 18 avril, un sous-marin allemand a coulé, près des côtes anglaises, le chalutier *Vanilla*. Un autre bateau de pêche, le *Fermo* s'étant approché pour sauver l'équipage, le sous-marin se mit à tirer sur lui, il lui envoya même une torpille. Le *Fermo* fut obligé de prendre la fuite.

— Le vapeur norvégien *Stœrland* parti de New-York à destination de Grottembourg-Copenhague a été saisi par les Anglais et amené à Hartlepool où sa cargaison va être déchargée.

— On annonce de source autorisée que l'aviateur français Garros obligé d'atterrir à Ingelmunster, à 10 kilomètres de Courtrai, a été fait prisonnier dans la soirée du 18 avril.

— On publie que le soldat Boutellier, de Sap, disparu depuis le 20 septembre est prisonnier à Wesel; que le soldat Emile Mauguin, de Thiais (Seine), disparu le 28 août est prisonnier à Sennelager; que le soldat Ghys, de Melun (Seine-et-Marne), disparu le 22 août est soigné au lazaret de campagne du 10e corps allemand.

— Deux prisonniers allemands évadés d'Issoudun le 1er avril ont été arrêtés, l'un le 7 avril en Saône-et-Loire, l'autre, le ténor Lowenthal, de l'Opéra de Berlin, sergent-major de uhlans, le 17 avril, à Foncine-le-Haut (Jura). Il avait parcouru 400 kilomètres à pied et se trouvait à 8 kilomètres de la frontière suisse.

— Le sous-lieutenant de réserve de l'armée grecque Tsapalos vient d'être affecté par décret, au 1er étranger avec le grade de sous-lieutenant il a contracté un engagement pour la durée de la guerre.

En Russie. — La situation des armées est sans changement dans les Carpathes. Dans la nuit du 18 avril, les Austro-Allemands ont attaqué les troupes russes sur les hauteurs à l'est de Telepotche mais ils ont été repoussés avec de fortes pertes.

Les Russes ont pris, depuis le commencement de la

bataille des Carpathes 70.000 hommes, 30 canons et 200 mitrailleuses aux troupes austro-allemandes.

En Turquie. — Les flottes alliées ont bombardé le 18 avril les forts et les défenses des Dardanelles pendant cinq heures.

On annonce d'Athènes qu'un aviateur turc a survolé la flotte alliée à Ténédos et qu'une des bombes qu'il a jetées est tombée sur le pont d'un croiseur auxiliaire chargé de munitions.

On annonce de Constantinople que le maréchal von der Goltz a été nommé commandant en chef de la 1re armée turque.

On annonce du Caire qu'une partie du corps expéditionnaire concentré à Alexandrie a été débarquée dans les Dardanelles. Plusieurs bataillons de troupes australiennes et zélandaises viennent d'arriver du Caire à Alexandrie. On croit qu'une autre partie du corps expéditionnaire sera débarquée sur un point inconnu de la côte d'Asie mineure.

Documents historiques, récits et anecdotes

Les sept mois de captivité d'un député français. — *M. Pasqual a été renvoyé en France chargé d'une mission.* — M. Léon Pasqual, député d'Avesnes (Nord), était au mois d'août, capitaine de chasseurs à pied attaché à l'état-major du général Fournier, gouverneur de Maubeuge.

A la reddition de la place, le 8 septembre, il fut fait prisonnier avec la garnison et envoyé au camp de Torgau, en Silésie.

Il vient de rentrer à Paris, chargé par le gouvernement allemand d'une mission spéciale auprès du gouvernement français.

Nous avons vu hier, M. Pasqual qui nous a fait le récit suivant :

« Le 8 septembre, à une heure, nous fûmes embarqués pour Torgau où nous arrivâmes le 12 septembre. Le camp se composait de deux forteresses, Bruckenkopf et Zinna, cette dernière construite par Napoléon, ce que les Allemands nous faisaient remarquer avec une lourde ironie.

« Les officiers d'abord logés dans des baraquements furent ensuite internés dans un réduit intérieur de la forteresse. Il y avait là avec nous des officiers anglais et russes. Nous étions littéralement enfermés, détenus, traités comme de simples soldats qui ne seraient pas très bien traités. On nous avait fait remettre tout notre argent de poche. Nous fûmes fouillés par des soldats, puis par des policiers. Notre argent nous fut rendu par la suite en papier allemand. Les capitaines touchaient 100 marks par mois et les lieutenants 60 en papier monnaie, n'ayant cours que dans le camp d'où nous ne pouvions d'ailleurs sortir.

« La sévérité du régime était peu de chose auprès des angoisses morales qu'on nous infligeait. Les journaux allemands, dont on nous comblait, annonçaient chaque jour une nouvelle déroute française. Des extrablatt (éditions spéciales) placardées ou distribuées nous apprirent successivement l'investissement de Paris, la prise des forts. Nous crûmes même pendant un temps à la chute de la ville. Par contre, nous ignorâmes toujours la bataille de la Marne. Pour ma part, je ne l'appris que récemment par la lettre d'un ami qui, en patois me disait quelle raclée nous leur avions passée.

La mission de M. Pasqual. — « Sept mois de captivité s'écoulèrent ainsi. Enfin ils me font appeler et me soumettent la note adressée le 28 février au gouvernement français et à laquelle, disent-ils, ils n'ont pas encore reçu de réponse.

« Cette note posait trois questions: 1° La remise des prisonniers civils français et belges de 17 à 60 ans, à condition que le gouvernement français rende les prisonniers civils allemands de France et des colonies; 2° L'échange des médecins-majors; 3° Le sursis réciproque jusqu'à la cessation des hostilités de toutes les peines prononcées contre des prisonniers.

« — Voulez-vous, me dirent-ils, aller en France et exposer vous-même à votre ministre de la guerre et à celui des affaires étrangères ces trois demandes en les priant de les agréer au nom de l'humanité?

« J'acceptai cette mission et, mercredi dernier, je fus conduit jusqu'à Schaffouse par un commandant allemand. Ce matin, j'ai été reçu au ministère de la guerre, où j'ai commencé à m'acquitter de la mission dont j'étais chargé. »

Dépêches officielles

Premier Communiqué

Les troupes britanniques ont enlevé hier, en Belgique, près de Zvartelen, 200 mètres de tranchées allemandes. Malgré plusieurs contre-attaques, elles ont conservé le terrain gagné et consolidé leurs positions.

En Alsace, progrès sensibles: notre avance se poursuit sur les deux rives de la Fecht.

Sur la rive nord, nous avons occupé la crête du Burgkorpfle (sud-ouest du Schilleckerwassen), qui commande directement la vallée.

Sur la rive sud, dans la région du Schnepfenrieth, nous avons notablement progressé en marchant du sud au nord, dans la direction de la Fecht et de Metzeral. Nous avons occupé notamment une série de hauteurs dont la plus septentrionale commande le cours de la Fecht, face au Burgkopfle. Au cours de cette action, nous avons pris une section d'artillerie de montagne (deux canons de 74) et deux mitrailleuses.

Deuxième Communiqué

Dans la nuit du 18 au 19 avril, à 3 heures 30, une contre-attaque allemande aux Eparges a été complètement repoussée.

Au bois de Mortmare, action d'infanterie sans résultat appréciable de part ni d'autre.

Dans la région de Regnieville, lutte d'artillerie assez violente où nous avons nettement pris l'avantage.

Dans les Vosges, nos attaques, menées sur les deux rives de la Fecht, ont accentué leurs progrès en forçant l'ennemi à évacuer précipitamment Eselsbrucke (en amont de Metzeral) où il a abandonné un nombreux matériel.

---

20 AVRIL 1915

Nouveau bombardement de Reims par les Allemands. — Combats dans la forêt de Parroy. — Le sous-marin anglais « E-15 » est coulé dans les Dardanelles.

Situation des armées sur le front occidental

La journée d'hier a été relativement calme sur l'ensemble du front et, en dehors de quelques actions locales dans les Vosges, il n'est guère signalé que des duels d'artillerie dans les régions de Soissons, de Reims et de l'Argonne.

Dans la nuit du 19 et la matinée du 20 avril nous avons attaqué et légèrement progressé au bois de Mortmare à proximité de la route de Flirey à Essey.

Nous avons résisté à une attaque allemande au bois Le Prêtre et à deux autres contre-attaques sur l'Hartmannswillerkopf.

Nos progrès sur les rives de la Fecht paraissent ne pas

se poursuivre et nous organisons notre installation sur les positions conquises tout récemment.

En Lorraine, vers la forêt de Parroy, des combats d'avant-postes se livrent continuellement, ils sont en général précédés de violentes canonnades. Les Allemands attaquent paraît-il sans conviction et avec de faibles effectifs.

En Belgique, quoique les communiqués officiels n'en fassent pas mention, la lutte se poursuit avec âpreté. Depuis plusieurs jours, l'ennemi tâte le terrain un peu partout sur le front de la mer du Nord. Vers Ypres, les Anglais ont à résister à de nombreuses et terribles contre-attaques dirigées contre la position dite « cote 60 » dont ils se sont définitivement emparés le 18 avril. Ces attaques paraissent vouées à l'insuccès car les troupes anglaises ont eu le temps de se consolider et elles disposent de forces suffisantes pour parer à toute éventualité.

Il nous parvient d'Amsterdam qu'il se prépare quelque chose en vue d'un mouvement offensif dans les Flandres. Depuis le 18 avril, toutes les communications sont interrompues et les trains sont exclusivement réservés pour le transport des troupes et des approvisionnements militaires. On ne peut plus pénétrer en Belgique sans être muni d'un passeport délivré par les autorités allemandes. L'état-major ne peut pas se résigner à accepter comme définitive la perte de la position enlevée par les Anglais et il prépare une revanche.

F. B.

Nouvelles diverses publiées par les journaux

— Le vapeur hollandais *Olando* a heurté une mine et a coulé, son équipage a été recueilli par un autre bateau.

— Les Allemands annoncent qu'ils rendront, à partir du 26 avril, le blocus des côtes anglaises beaucoup plus efficace. Il est probable que de nouveaux gros sous-marins sont prêts à prendre la mer.

— Les Anglais ont arrêté le 19 avril dans la mer du Nord un vapeur suspect battant pavillon danois.

— On annonce de source officieuse que l'Allemagne a envoyé à la Hollande une déclaration dans laquelle elle s'excuse des dommages causés involontairement à la marine hollandaise par les sous-marins allemands.

— On croit qu'un nouvel échange de grands blessés va avoir lieu entre la France et l'Allemagne dans les premiers jours de mai. La liste allemande comprend 1.200 noms.

— L'aide de camp général du Kaiser, général von Lindquist, vient de mourir, il était âgé de 76 ans.

— On annonce l'arrivée à Belfort du général russe Kaulbars, il a visité les forts et les établissements militaires, puis il est reparti.

— Un violent incendie s'est déclaré le 19 avril à la poudrerie d'Angoulême, on compte un mort et trois blessés.

— Le soldat Farge, de Mercœur, disparu depuis fin août est prisonnier en Allemagne. Le soldat Alfarie, de Livinhac-le-Haut, blessé le 20 août et dont la mort avait été officiellement annoncée à ses parents vient d'écrire qu'il est prisonnier à Ingolstadt.

En Russie. — Les succès russes dans les Carpathes se continuent, mais avec plus de lenteur, en raison de la fonte des neiges. Le front russe a été considérablement renforcé par de gros contingents amenés de Lipcani. On annonce de Pétrograd que le grand-duc Nicolas est maintenant prêt à l'offensive générale, dès que les commandants des armées alliées décideront que le moment est venu de commencer l'action.

Certains indices font supposer que le maréchal von Hindenburg va tenter sous peu de jours une diversion pour contrecarrer l'avance russe dans les Carpathes. Cette manœuvre aurait probablement lieu dans la région de Suwalki.

En Turquie. — On annonce d'Athènes que par suite des mines qui ont été posées devant l'entrée du Bosphore par les Russes, deux torpilleurs turcs ont heurté ces mines et ont coulé.

La flotte russe a bombardé les lignes de Tchataldja.

Les cuirassés alliés ont bombardé pendant cinq heures, le 19 avril, les forts et défenses des Dardanelles.

Documents historiques, récits et anecdotes

GARROS EST PRISONNIER. — C'est avec une émotion et un regret profonds que l'on aura appris en France l'accident qui prive l'aviation des services de l'un de ses plus glorieux représentants. En quinze jours à peine, il venait à lui seul (car il volait toujours sans observateur, se fiant à son incomparable maîtrise pour diriger son avion et faire en même temps le coup de feu), d'abattre trois avions allemands. Garros est le type le plus complet de l'aviateur français. Son audace et son sang-froid sont légendaires, même parmi ses camarades pour qui le courage le plus déterminé est monnaie courante. Garros n'est pas seulement un courageux et un habile pilote, très intelligent et très cultivé. Il doit autant à ses dons naturels qu'aux bénéfices de la réflexion de tirer de son appareil un parti tel que personne peut-être ne pourrait prétendre à l'égaler.

Il est né à la Réunion, et il a vingt-six ans. Venu très jeune à l'aviation, il ne tarda pas à se classer parmi les vedettes. Le fameux raid Paris-Madrid, où il échoua pour ainsi dire au port, le mit au premier plan. Deux jours après cet insuccès glorieux, il se remettait en ligne dans la course aérienne Paris-Rome, où il se classa second, non sans avoir été victime d'une malechance persistante.

En 1912, il établit le record de l'altitude (5.601 mètres). Le premier et le seul, il mena à bien la traversée de la Méditerranée, le 23 septembre 1913, de Saint-Raphaël à Bizerte. Depuis, il ne cessa de voler de triomphe en triomphe, jusqu'au moment où la guerre éclata.

A ce moment, bien que délié de toute obligation militaire,

il s'engagea. Il était déjà chevalier de la Légion d'honneur. Fait sergent aviateur au mois de décembre dernier. Roland Garros fut versé dans l'escadrille de protection du camp retranché de Paris. Au mois de janvier, il fut envoyé sur le front. Il monta alors un avion sur lequel il fixa une mitrailleuse spéciale permettant de tirer dans l'axe de l'hélice. Actuellement, il était lieutenant.

Les Allemands, qui ont maintenant entré leurs mains un de leurs plus mortels adversaires, sauront-ils le traiter loyalement ?

Dépêches officielles
Premier Communiqué

Rien à ajouter au communiqué d'hier soir en ce qui concerne les opérations en Lorraine et dans les Vosges.

Sur le reste du front, actions d'artillerie, particulièrement vives dans la région de Soissons, le secteur de Reims et l'Argonne.

Deuxième Communiqué

Cinquante obus incendiaires ont été lancés sur Reims.

En Champagne et en Argonne, lutte d'artillerie sans intervention de l'infanterie.

Entre Meuse et Moselle, au bois de Mortmare, près de la route Flirey-Essey, nos attaques ont légèrement progressé.

Au bois Le Prêtre, l'ennemi après avoir violemment bombardé nos positions dans la région de la Croix-des-Carmes, a esquissé une tentative d'attaque aussitôt enrayée par notre artillerie.

Canonnade assez vive et combats d'avant-postes aux lisières de la forêt de Parroy.

Dans la soirée du 19 avril, deux contre-attaques allemandes à l'Hartmannswillerkopf ont été repoussées.

21 AVRIL 1915

Violents combats au nord de Flirey, entre Meuse et Moselle. — Bombardement d'un quartier général en Woëvre. — Les Turcs subissent des pertes importantes en Mésopotamie.

Situation des armées sur le front occidental

Les opérations importantes se déroulent en ce moment en Meuse et Moselle et en Alsace. C'est surtout entre Pont-à-Mousson et le bois d'Ailly que notre activité est la plus grande avec l'intention évidente de menacer les communications allemandes entre Metz et Saint-Mihiel. L'ennemi de son côté, résiste opiniâtrement à notre pression et cette tâche lui est facilitée par la proximité du camp retranché de Metz qui l'approvisionne abondamment et avec facilité en hommes et munitions.

Les communiqués du 21 avril nous annoncent que nous avons résisté dans les dernières 24 heures à de nombreuses contre-attaques allemandes au bois d'Ailly, au bois de Mortmare et au bois Le Prêtre. Nous avons attaqué nous-mêmes au nord de Flirey, à proximité de la route d'Essey et nous nous sommes emparés d'une tranchée ennemie.

En Alsace, les Allemands renouvellent sans cesse leurs attaques contre l'Hartmannswillerkopf mais toujours sans succès, ils n'ont pas encore renoncé à réoccuper cette position importante qu'ils essaient de rendre intenable par une canonnade continuelle.

On signale encore quelques contre-attaques allemandes en Champagne, près de Ville-sur-Tourbe et en Argonne, près de Bagatelle mais notre artillerie a suffi à empêcher l'ennemi de joindre nos lignes.

En Belgique la bataille se continue sur les bords de l'Yser et de l'Yperlée, pendant le jour, il n'y a guère que des combats d'artillerie mais chaque nuit il se prononce des attaques et il se livre des combats très meurtriers, les Allemands éprouvent des pertes considérables mais ils renouvellent quand même leurs tentatives. Leur intention de percer nos lignes n'est pas douteuse et il faut s'attendre d'ici peu à de grandes batailles dans les Flandres. On annonce d'Amsterdam que les troupes qui se trouvaient à la frontière hollandaise viennent de partir pour le front de l'Yser, il ne reste pour la garde de la frontière que des soldats blessés.

F. B.

Nouvelles diverses publiées par les journaux

— Deux escadrilles aériennes françaises ont survolé le 20 avril les localités échelonnées sur la ligne de chemins de fer qui longe le Rhin. Elle ont jeté des bombes sur les gares de Mulheim, Mannheim et Habsheim. A Mannheim, les bombes ont incendié un dépôt de fourrages et l'usine Lanz qui contenait 1.600 têtes de bétail. Une autre expédition a lancé 4 bombes sur Lœrrach endommageant une conduite électrique. D'autres aviateurs ont jeté des bombes sur la voie ferrée de Strasbourg à Bâle.

— Une escadrille allemande a survolé, le 19 avril, la vallée du Matz et les environs de Ressons; quelques bombes ont incendié une grange à Ressons, un autre projectile a heurté sans éclater un poste d'aiguillage.

— Le lieutenant Graff-Joly a été victime hier d'une chute de biplan au-dessus de Châteaufort, près de Versailles. Il s'est tué sur le coup.

— Le général Joffre a visité hier la forteresse de Toul, s'est longuement entretenu avec le général Rémy puis il est reparti vers 7 heures du soir.

— On signale de Hollande une grande activité de la flotte allemande de la mer du Nord, plusieurs bateaux de pêche ont rencontré des navires de guerre qui croisaient au large, principalement des torpilleurs.

— Le conseil général du Gard a mis à la disposition du Gouvernement une somme de 300.000 fr. destinée à venir en aide aux Belges victimes de la guerre. Une autre somme de 350.000 fr. a été versée au Trésor français sur une somme de 700.000 fr. affectée aux départements envahis par l'ennemi.

En Russie. — Les troupes russes ont repoussé près de Gorlice, en Galicie, une attaque autrichienne.

Une offensive ennemie contre la hauteur de Polen a été repoussée, les pertes austro-allemandes ont été très grandes.

Le 20 avril, une escadrille allemande a lancé une centaine de bombes sur Biclostok, il y a eu plusieurs tués et blessés parmi la population civile. Dans la nuit du 20 avril, un zeppelin a jeté des bombes sur Ciechanow.

On annonce de Montréal qu'un industriel canadien a reçu du gouvernement russe une commande d'obus s'élevant à 250 millions de francs.

En Turquie. — Les flottes alliées ont bombardé le 20 avril les campements de Boulaïr et ceux de Katopanaghia près de Smyrne.

Les torpilleurs russes de la mer Noire ont coulé les 18 et 19 avril, 10 bateaux turcs chargés de munitions, il ont bombardé le campement turc d'Arkhave.

Documents historiques, récits et anecdotes

UN DRAME DANS LES AIRS. — *L'héroïsme d'un aviateur français.* — Encore un admirable et héroïque exploit au compte de nos aviateurs militaires et qui s'est accompli ces jours-ci dans le nord de la France.

Le pilote de M..., âgé de vingt-deux ans, et dont le père, officier, a été tué dans les premiers jours de septembre, avait reçu l'ordre d'aller bombarder un coin de la côte belge. Il prend avec lui comme passager un sergent mitrailleur, qui emporte une bombe de 155. Tous deux traversent à 2.500 mètres de hauteur les lignes. L'ennemi, furieux de ce que Garros, en quinze jours, ait descendu deux aviatiks en tuant quatre hommes, a installé des batteries spéciales. Les obus font rage et rapidement on peut en compter un cent.

L'avion continue sa route, le sergent jette la bombe, puis revient. Ils montent à 3.000 mètres pour éviter la grêle d'acier. Tout à coup, un éclat d'obus allemand sectionne l'essieu des roues de devant du train d'atterrissage, pénètre par le regard de celluloïd de la nacelle, coupe net le pied gauche de M..., et sort par le côté de la nacelle en faisant un énorme trou. Le pilote blessé aussi grièvement, l'appareil soufflé par le vent du projectile c'est la fin, la chute irrémédiable. Déjà les Allemands en bas doivent triompher. Ils viennent de recevoir la boussole arrachée de l'avion.

On assiste alors à cette chose terrifiante; le biplan plonge, mais de M..., malgré son horrible blessure, se redresse, et le voilà au milieu des obus; il reprend sa marche vers les lignes françaises. De sa cheville coupée, le sang coulé, il rougit le plancher, dégouline par les interstices jusque sur les roues d'arrière, va balafrer la figure du passager, qui lui-même a reçu une balle de shrapnell dans la tête. C'est une pluie rouge. Le sergent se rend compte qu'ils sont perdus. De son bras gauche, il soutient de M..., de sa main droite, il écrit avec un sang-froid superbe, au crayon, sur un papier fixé à une planchette:

« Je termine ma lettre, ma chère maman. Si nous devons tomber, à la garde de Dieu! Mais que nos chefs sachent que notre mission a été remplie, et que notre bombe a été jetée où il fallait. »

De M..., avec son moignon, va-t-il pouvoir tenir? Il a encore 27 kilomètres à faire. Le sergent lui crie tout à coup: « Veux-tu que je prenne le manche à balai? (le gouvernail). De M... se retourne à demi, et, furieux, hurle dans le vent: « Non, non. F...-moi la paix. Aie confiance en moi. Nous rentrerons. »

Le sergent a fini sa lettre. Il reprend de M... sous les aisselles. Le pilote plonge soudain dans le capot. Il saisit de la main gauche sa chaussure, contenant son pied sanglant, laquelle coince son gouvernail de direction. Il la passe au sergent, derrière, « Tiens, prends ça. Je n'en ai plus besoin. » Et sa commande dégagée, s'appuyant sur son moignon, il va, il va, les yeux brouillés, raidi de tout son être dans un ressaut d'énergie surhumaine.

Des lignes françaises on voit le biplan qui flotte un peu. Il descend cependant, correctement, sur les roues de derrière, et voilà les deux hommes qui touchent le sol. Le sergent crie: « Blessé! Il est blessé! » Le fuselage est rouge de sang. Des gouttelettes tachent l'herbe. On apporte un brancard. D. M..., par le trou de l'obus, passe son pied déchiqueté hors du capot, et descend lui-même de son appareil. Etendu, il gouaille: « Non, mais crois-tu qu'ils m'ont bien arrangé? Ça ne fait rien. Ils ne m'auront pas. » On ramasse le pied au fond de la nacelle et on place le blessé dans une voiture d'ambulance. Il ne blague plus. D'un verbe exalté, il récite maintenant les beaux vers de l' « Aile », de Rostand. Il a la fièvre. Vaincu enfin, il s'évanouit à son arrivée à l'hôpital de Zuydcoote.

Le lendemain, il a été amputé. A un ami lui disant: « Tu es proposé pour la croix et le sergent pour la médaille militaire, » il a répondu: « Tant mieux. Je suis bien content. » Et il a ajouté: « Quand je serai guéri, avec une machine articulée je peux très bien encore piloter. »

Que dire de pareils héros?

Dépêches officielles
Premier Communiqué

Canonnade assez violente dans la région d'Arras et entre l'Oise et l'Aisne.

Entre Meuse et Moselle, au bois de Mortmare, deux contre-attaques allemandes sur la ligne de tranchées prise par nous dans la journée du 20, ont été repoussées dans la soirée à 18 heures 30 et à 19 heures.

Deuxième Communiqué

En Belgique, une attaque s'est produite contre les tranchées conquises par les troupes britanniques à la côte 60, près de Zwartelen; elle a été repoussée. Les pertes de l'ennemi en ce point depuis le 17 sont de trois à quatre mille hommes.

En Champagne, près de Ville-sur-Tourbe, les Allemands ont tenté d'attaquer; notre artillerie les a empêchés de sortir de leurs lignes.

En Argonne, près de Bagatelle, une attaque toute locale, mais très énergique, a été arrêtée net par notre feu.

Entre Meuse et Moselle, nous avons repoussé diverses attaques d'importance inégale et dont certaines n'étaient que des reconnaissances: une au bois d'Ailly, cinq au bois de Mortmare, une au bois Le Prêtre.

Nous avons attaqué au nord de Flirey et nous avons enlevé une nouvelle tranchée allemande: nous nous y sommes installés en la reliant à celles que nous avions précédemment conquises.

Notre gain des derniers jours porte ainsi sur un front continu de plus de sept cents mètres; l'ennemi a laissé plus de trois cents morts sur le terrain.

En Lorraine, combats d'artillerie.

En Alsace, nous avons repoussé facilement à l'est de l'Hartmannswiller une attaque préparée par un feu violent d'artillerie.

22 AVRIL 1915

Les Français progressent en Alsace sur les rives de la Fecht et dans la forêt d'Apremont. — Les Anglais repoussent deux attaques à Zvartelen (cote 60).

Situation des armées sur le front occidental

De violents combats continuent en Belgique, entre les troupes anglaises et les troupes allemandes pour la possession de la cote 60. Hier, entre six heures et neuf heures du soir, les Anglais ont repoussé deux violentes contre-attaques, la bataille a continué toute la nuit et toutes les attaques ont été repoussées. Plus au sud, vers Armentières, le duel d'artillerie est sans arrêt, les alliés ont la supériorité, on dit qu'entre Béthune et La Bassée les troupes allemandes se sont repliées un peu.

Le bombardement d'Ypres continue et on annonce de la frontière belge l'imminence d'une attaque allemande en Flandre occidentale. Les nouvelles reçues hier d'Amsterdam sont confirmées. L'armée allemande dans cette région a été considérablement renforcée. Des troupes fraîches venues d'Allemagne occupent les positions devant les Anglais. Aix-la-Chapelle est garnie de troupes venant d'Allemagne. Depuis trois jours toutes les réserves de la région de Hasselt et du Brabant ont été envoyées vers l'ouest. Tous ces renseignements, coordonnés, ne laissent aucun doute sur les intentions de l'ennemi.

Des actions importantes se continuent dans la forêt d'Apremont, au sud de Saint-Mihiel et dans la nuit du 21 au 22 avril, nous nous sommes emparés de deux lignes de tranchées allemandes au lieu dit « la Tête-à-Vache ». Notre progression quoique lente se continue dans cette région et elle a une réelle importance.

En Alsace, nous avons repris notre marche dans la direction de Metzral, en suivant les deux rives de la Fecht. Au nord nous avons progressé jusqu'à la jonction de la Wurmsa et de la Fecht et au sud, nous nous sommes avancés jusqu'à Schiessloch. Dans cette région comme sur beaucoup d'autres points les troupes allemandes, malgré une sérieuse résistance sont dans l'impossibilité de résister à notre vigoureuse pression.

Sur tout le reste du front, il n'est signalé que des duels d'artillerie. Cependant, à Bagatelle, en Argonne, une offensive allemande s'est produite mais elle a été facilement repoussée.

F. B.

Nouvelles diverses publiées par les journaux

— Le 21 avril, le chalutier anglais *Envoy* a été coulé par un sous-marin allemand au large de la côte orientale anglaise.

— Le paquebot norvégien *Uranius* a été attaqué par un zeppelin à quelque distance de Lowestoft. Il lui a jeté une bombe sans l'atteindre.

— Des aviateurs anglais ont dirigé une attaque contre les hangars à zeppelins de Gand, les dégâts doivent être considérables.

— Le mécanicien aviateur Lucien Villiet, blessé grièvement au cours d'un combat qu'il avait engagé contre un aviatik allemand, à 2.000 mètres de hauteur, vient d'être décoré de la médaille militaire par le général gouverneur de Belfort.

— Deux avions allemands ont survolé Amiens ce matin, 22 avril, ils ont jeté des proclamations en allemand.

— Dans la matinée du 21 avril, des avions allemands ont essayé de survoler Nancy ils ont été arrêtés par une violente canonnade. D'autres avions ont réussi à s'approcher d'Einville ils ont jeté quinze bombes qui n'ont causé aucun dégât.

— Les journaux allemands annoncent que le colonel von Reuter, le héros des incidents de Saverne vient d'être promu major-général. Le maréchal de Moltke, ancien chef d'état-major général a repris du service dans l'armée

— On annonce que le lieutenant Lhomme, de Béziers, dont on était sans nouvelles depuis le 22 août, vient d'écrire à sa famille qu'il est prisonnier à Soerlitz (Prusse orientale).

— M. Lloyd Georges vient de déclarer à la Chambre des Communes que le corps expéditionnaire anglais qui, au début des hostilités, n'était que de six divisions, atteint aujourd'hui trente-six divisions. Il va bientôt être augmenté des effectifs en entraînement dans le Royaume-Uni.

En Russie. — Une offensive austro-allemande sur le front Telepotche-Roumina a été repoussée dans la nuit du 20 au 21 avril. Les Austro-Allemands se sont retirés avec de grosses pertes.

L'empereur d'Allemagne s'est rendu dernièrement à Czernowitz, il a harangué les soldats et leur a recommandé d'empêcher à tout prix les Russes d'entrer en Hongrie.

Un journal suisse annonce de source privée que les Russes ont pénétré dans le comitat de Maramaros, coupant les communications entre l'armée autrichienne de Bukovine et celle de Galicie orientale.

Les aviateurs russes ont profité du beau temps pour bombarder la gare de Soldau. Ils ont employé les avions dreadnougts russes qui peuvent transporter une vingtaine de passagers.

En Turquie. — Le 21 avril quatre navires de guerre anglais sont entrés dans les Dardanelles et ont bombardé les forts pendant trois heures. Les dragueurs de mines français continuent leurs opérations.

Documents historiques, récits et anecdotes

CE QUE DEMANDE LA GRÈCE POUR INTERVENIR. — Le *Messager d'Athènes*, organe du ministère des affaires étrangères, annonce que les pourparlers en vue de l'abandon de la neutralité de la part de la Grèce continuent.

Les points essentiels autour desquels se déroulent les pourparlers, sont les suivants:

1° Détermination du point où les troupes grecques doivent agir. Ce point, la Grèce désire qu'il soit unique, pour donner ainsi une plus grande efficacité à l'action des forces qu'elle mettra à la disposition de la Triple Entente.

2° Versement de la part de la Triple Entente, pour les frais de guerre, pendant la durée des hostilités, d'une somme mensuelle de 50 millions de francs, considérés comme avance sur la seconde tranche du grand emprunt de 500 millions conclu avec Paris et Londres.

3° Durée de l'alliance. Elle s'étendra aux années qui suivront la guerre de façon à permettre à la Grèce d'organiser son nouveau territoire et d'en achever la défense contre toute attaque.

4° Compensations territoriales en Asie-Mineure. Smyrne avec un vaste hinterland, facilités financières pour mettre en valeur ce territoire.

Les puissances alliées devraient en outre fournir le matériel de guerre nécessaire. Elles devraient, enfin, garantir la Grèce contre tout danger d'agression bulgare.

Dépêches officielles

Premier Communiqué

Rien n'a été signalé depuis le communiqué d'hier soir.

Deuxième Communiqué

Près de Langemarck, au nord d'Ypres, les troupes britanniques ont repoussé deux attaques.

A la cote 60, près de Zvartelen, les contre-attaques allemandes, dont la violence paraît s'expliquer par le désir de réparer un échec nié par les communiqués officiels de l'état-major impérial, ont définitivement échoué; les pertes de l'ennemi sont supérieures aux chiffres indiqués hier.

Dans le secteur de Reims, lutte d'artillerie.

En Argonne, à Bagatelle, une attaque allemande, peu importante d'ailleurs, a été repoussée.

Près de Saint-Mihiel, dans la forêt d'Apremont, nous avons enlevé d'assaut deux lignes successives de tranchées au lieudit « la Tête-à-Vache ».

La Tête-à-Vache formait un saillant dans nos positions qui nous gênait sérieusement. De très nombreux cadavres allemands sont restés sur le terrain; nous avons fait une cinquantaine de prisonniers.

En Alsace, nous avons continué à progresser sur les deux rives de la Fecht. Au nord, nous tenons le confluent de la Fecht et de son affluent de gauche la Wurmsa. Au sud, nous avons atteint Schiessloch, gagnant ainsi du terrain vers l'est, dans la direction de Metzeral.

---

23 AVRIL 1915

Les Allemands attaquent au nord d'Ypres en employant des gaz asphyxiants. — Succès français au bois d'Ailly.

Situation des armées sur le front occidental

Une grande activité a régné ces dernières vingt-quatre heures sur certaines parties du front. Les Allemands sont passés à l'offensive en Belgique et sur les Hauts-de-Meuse. Dans cette dernière région, ils ont opéré de violentes contre-attaques autour de la position des Eparges avec l'intention évidente de déloger les troupes françaises en attaquant à la fois sur trois points différents, au nord, au sud et au centre; cette manœuvre n'a pas réussi et les mouvements ennemis ont été immédiatement arrêtés.

En Belgique, les opérations allemandes ont eu plus de succès et tout semble indiquer que nous allons assister à une nouvelle bataille des Flandres et au gros effort allemand si souvent annoncé depuis plusieurs mois, et dans ces derniers jours encore, par les journaux hollandais.

L'offensive signalée par les communiqués d'aujourd'hui s'est produite sur trois points différents. Au nord de Dixmude, dans la boucle de l'Yser, dans la direction du château de Vicogne; au nord d'Ypres et contre le front anglais au sud-est d'Ypres. L'armée belge a repoussé l'attaque dirigée contre Vicogne en infligeant de fortes pertes à l'ennemi. Le gros effort a été tenté au Nord d'Ypres, contre les troupes françaises qui forment liaison entre l'armée belge et l'armée anglaise sur un front de 13 kilomètres environ. Les Allemands ont attaqué furieusement, en masses compactes, avec des forces considérables et en se servant de bombes asphyxiantes. Les troupes françaises ont plié devant le nombre des assaillants et en raison de l'effet produit par les bombes asphyxiantes, obligeant l'aile gauche anglaise à se replier également pour ne pas perdre contact et pour éviter d'être débordée. Les troupes allemandes ont réussi ainsi à pénétrer assez profondément dans nos lignes et à passer sur la rive gauche du canal de l'Yser à hauteur de Lizerne. La surprise passée, les troupes françaises, appuyées de renforts anglais et belges, ont contre-attaqué vigoureusement et regagné du terrain en refoulant l'ennemi et en lui faisant de nombreux prisonniers. Il y a tout lieu de croire que le succès passager des Allemands n'aura aucune suite et que la bataille qui se poursuit nous sera favorable.

F. B.

Nouvelles diverses publiées par les journaux

— Le chalutier anglais *Saint-Lawrence* a été coulé le 22 avril, par un sous-marin allemand dans la mer du Nord.

— Le chalutier anglais *Glancarse* a été capturé au large d'Aberdeen par un sous-marin allemand qui l'a amené dans un port allemand de la mer du Nord.

— L'amirauté anglaise communique que toute navigation entre l'Angleterre et la Hollande est suspendue à partir du 22 avril. On espère pouvoir rétablir sous peu un service limité de voyageurs.

— On télégraphie de Berlin à la *Tribune de Genève* que dernièrement des sous-marins britanniques ont été aperçus à plusieurs reprises dans une baie allemande de la mer du Nord. Un de ces sous-marins a été coulé le 17 avril.

— L'aviateur militaire Poirée qui sert comme aviateur dans l'armée russe est inscrit au tableau spécial de la médaille militaire pour avoir, par sa hardiesse, fait honneur à l'armée française.

— Le prince Georges de Grèce, est paraît-il chargé d'une mission auprès du gouvernement français, il doit avoir une entrevue, aussitôt son arrivée à Paris, avec le Président de la République.

— On annonce de Suisse que ces jours derniers, le Kaiser a visité le front allemand en Alsace. De Colmar il s'est rendu en automobile sur la ligne de combat des Vosges et il a passé en revue la garde prussienne près de Mulhouse.

— Par ordonnance du Président du Tribunal civil de Blois, le domaine de Chambord, dont partie appartient à des Autrichiens, vient d'être mis sous séquestre.

— Un septuagénaire, M. Courchinoux, naturaliste à Aurillac vient de s'engager pour la durée de la guerre pour venger son petit-fils qui a été tué par les Allemands.

En Russie. — L'armée russe a progressé dans la direction de Lutovisk et s'est emparée de tranchées au nord-est de

Lubnia sur la cote 1.001. Elle a résisté à une offensive austro-allemande sur le front Lubnia-Sianki.

Un avion allemand a jeté trois bombes sur Varsovie sans causer de dégâts. D'autres avions ont jeté des bombes sur Lomja.

Le tsar est arrivé en Galicie et le 22 avril, il était à Lemberg.

En Turquie. — On télégraphie d'Athènes qu'une violente canonnade a été entendue dans la direction de Smyrne, on suppose que le bombardement des forts a recommencé.

Le corps de débarquement franco-anglais sera sous le commandement de sir Jan Hamilton.

On annonce de Sofia que Rifaat bey est attendu à Sofia. Le but de sa visite serait de faire de nouveaux efforts pour obtenir la neutralité de la Bulgarie même en concédant, s'il le fallait, la ligne Enos-Midia.

Documents historiques, récits et anecdotes

UN « POILU » DE DIX-SEPT ANS A GAGNÉ LA MÉDAILLE MILITAIRE. — Dans un des hôpitaux du Mans se trouve actuellement un des plus jeunes médaillés militaires, Jacques Goujon, âgé de dix-sept ans, et originaire de Lyon.

N'ayant pas l'âge nécessaire pour s'engager dans cette ville, il vint à Paris, où grâce à sa robuste constitution on l'accepta. Il fut dirigé sur le Pas-de-Calais.

Un jour son lieutenant ayant demandé des volontaires pour aller repérer des mitrailleuses ennemies bien dissimulées, Goujon se présenta avec deux camarades. Ils partirent et réussirent à découvrir les mitrailleuses, après avoir tué deux sentinelles allemandes. A ce moment, les Allemands les surprennent. Ses deux camarades tombent. Resté seul, Goujon se cache dans un trou d'obus. Au bout de trois heures, tout étant redevenu calme, il sort et se dirige vers les mitrailleuses. Il en fait sauter deux à l'aide de ses bombes, mais surpris, il est fait prisonnier et gardé à vue dans un coin d'une tranchée. La sentinelle boche n'étant pas très attentive, Goujon réussit à s'échapper en emportant une mitrailleuse qu'il apporte dans les lignes françaises.

Le lendemain, il est cité à l'ordre du jour, nommé caporal et proposé pour la médaille militaire.

Quelque temps après au cours d'une contre-attaque allemande, il a le bras droit emporté par un éclat d'obus.

On l'évacue sur une ambulance, où on lui fait l'amputation du bras droit. Ensuite, il est dirigé sur Châteaudun et c'est dans cette ville qu'il reçoit sa décoration.

Maintenant Goujon est au Mans, il attend sa mise en réforme et... un bras articulé. Il n'a rien perdu de sa bonne humeur.

Dépêches officielles

Premier Communiqué

Dans la soirée d'hier des engagements assez vifs ont eu lieu en Belgique.

Dans la boucle de l'Yser, au nord de Dixmude, les troupes belges ont repoussé une attaque dirigée sur le château de Vicogne et infligé à l'ennemi de fortes pertes.

Au nord d'Ypres, les Allemands, en employant en grande quantité des bombes asphyxiantes dont l'effet a été ressenti jusqu'à deux kilomètres en arrière de nos lignes, ont réussi à nous faire reculer dans la direction du canal de l'Yser vers l'ouest et dans la direction d'Ypres vers le sud. L'attaque ennemie a été enrayée. Une contre-attaque vigoureuse nous a permis de regagner du terrain en faisant de nombreux prisonniers.

Au bois d'Ailly, près de Saint-Mihiel, nous avons, par une attaque à l'est et à l'ouest de la position précédemment conquise, pris sept cents mètres de tranchées et fait une centaine de prisonniers, dont trois officiers.

Deuxième Communiqué

En Belgique, la surprise provoquée par les bombes asphyxiantes dont se sont servis les Allemands au nord d'Ypres, n'a pas eu de suites graves.

Notre contre-attaque, vigoureusement appuyée par les troupes britanniques à notre droite et soutenue également par les troupes belges à notre gauche, s'est développée avec succès.

Les troupes anglo-françaises ont gagné du terrain vers le nord, entre Steenstraete et la route d'Ypres à Poelcappelle. Nos alliés ont fait des prisonniers de trois régiments différents.

En Champagne, à Beauséjour, nous avons démoli une pièce ennemie sous casemate qui prenait d'enfilade nos tranchées.

Sur les Hauts-de-Meuse, l'ennemi a tenté trois attaques à la tranchée de Calonne, aux Eparges et près de Combres; il a été immédiatement arrêté.

Dans la forêt d'Apremont, à la Tête-à-Vache, nos progrès ont continué. Nous avons trouvé dans les tranchées conquises environ deux cents morts allemands. Notre artillerie a fait exploser deux dépôts de munitions auprès desquels se trouvait une compagnie d'infanterie allemande qui a été presque totalement anéantie. Nous avons pris un lance-bombes, une mitrailleuse et du matériel.

24 AVRIL 1915

Les Allemands sont refoulés sur la ligne du canal de l'Yser. — Violents combats au Reichackerkopf (Alsace).

Situation des armées sur le front occidental

La bataille se continue très acharnée au nord et nord-est d'Ypres et il résulte de télégrammes hollandais que les Allemands subissent de grosses pertes. Des trains remplis de cadavres sont arrivés à Hasselt où les civils ont été réquisitionnés pour les inhumer. De nombreux blessés sont arrivés à Liège et tous les édifices publics ont été transformés en hôpitaux.

D'importants mouvements de troupes se continuent au sud de la frontière hollandaise, ces troupes se dirigent vers l'ouest.

Les correspondants anglais télégraphient que les combats autour d'Ypres se poursuivent avec une violence qui n'avait jamais été atteinte depuis octobre dernier. Le communiqué de 23 heures fait connaître que dans la nuit du 23 au 24 avril l'ennemi, dans un suprême effort a essayé de profiter de ces avantages de la veille et de percer les lignes françaises. Il a d'abord réussi à enlever le village de Lizerne, mais nos zouaves appuyés par des troupes belges ont réussi à réoccuper Lizerne et même à le dépasser, appuyant fortement sur la gauche afin d'établir la liaison avec l'armée belge. La lutte a été très chaude et il ne reste plus du village que des débris de maisons. Une action allemande a en même temps été dirigée contre le front anglais, mais les troupes britanniques ont vaillamment soutenu le choc et par une contre-attaque immédiate, elles ont progressé dans la direction de Saint-Julien.

Pendant que cette lutte se produisait dans le Nord, les troupes allemandes ont prononcé plusieurs attaques simultanées contre les positions que nous avons récemment conquises entre Meuse et Moselle et en Alsace. Toutes ces attaques ont échoué. Aux Eparges, au sud de la forêt de Parroy, et au Reichackerkopf, l'ennemi a été arrêté net dans son élan par le feu de notre artillerie et de notre infanterie. Il a laissé de nombreux morts sur le terrain.

C'est surtout au bois d'Ailly que la lutte a été chaude; les Allemands ont fait des efforts désespérés pour réoccuper les tranchées que nous leur avions enlevées la veille. Ils ont réussi dans la matinée du 24 à en réoccuper une partie, mais dans la soirée nous la leur avons reprise.

F. B

Nouvelles diverses publiées par les journaux

— Le vapeur suédois *Ruth*, qui se rendait à Gothenburg, a été coulé, le 21 avril, à hauteur de Firth-of-Forth, par un sous-marin allemand.

— Le vapeur danois *Caprivi* a heurté une mine et a coulé au large de l'île Tory, le 23 avril.

— Les vapeurs norvégiens *Oscar* et *Eva* ont été coulés, le 22 avril, au nord-est de Longstone, par des sous-marins allemands. Leurs équipages ont été recueillis par le vapeur *Anna*.

— Le vapeur *Frack* vient d'être torpillé dans la Baltique par un sous-marin allemand.

— Deux avions allemands ont essayé de survoler Hazebrouck, le 22 avril, mais ils ont dû s'éloigner sans lancer de bombes, les canons ayant ouvert le feu contre eux.

— Les journaux anglais annoncent que deux zeppelins ont été signalés, le 22 avril, sur la côte du Northumberland;

les aéroplanes anglais sont partis en reconnaissance mais ils n'ont pu rencontrer les zeppelins.

— Le *Journal officiel* publie la citation de l'aviateur Garros à l'ordre du jour de l'armée.

— Le sénateur Flaissières, médecin-major de 1re classe, vient d'être cité à l'ordre du jour de l'armée pour la vaillance qu'il a déployée dans l'exercice de ses fonctions.

— Le soldat Georges, d'Esquennoy (Oise), dont on avait annoncé officiellement la mort le 10 octobre, est prisonnier en Allemagne.

— On annonce de Paris que le sculpteur Paul de Saint-Marceaux vient de mourir à l'âge de 77 ans.

En Russie. — Les troupes russes continuent à faire des progrès lents mais continus dans les Carpathes.

On annonce de Czernowitz que pendant le séjour dans cette ville de l'archiduc héritier et de l'archiduc Léopold-Salvator, les aviateurs russes lancèrent plusieurs bombes sur la ville.

Depuis que les Russes ont fait connaître qu'ils fusilleraient les aviateurs qu'ils surprendront à jeter des bombes incendiaires, on a constaté la diminution des attentats commis par les Allemands.

En Turquie. — Suivant des télégrammes provenant de différentes sources, les troupes destinées aux opérations des Dardanelles ont quitté Alexandrie et Port-Saïd et ont été transportées sur différents points, notamment à Enos. Cette ville a été préalablement bombardée par les flottes alliées.

La plus grande partie des membres du gouvernement turc songerait à traiter avec la Triple-Entente, mais Enver-Pacha, qui agit en véritable dictateur, est opposé à la paix.

L'armée turque a entrepris une nouvelle offensive en Perse; elle se dirige sur Kermanchah.

Documents historiques, récits et anecdotes

UNE CHARGE DE NOS FUSILIERS MARINS. — Les fusiliers marins français ont un nouvel exploit superbe à leur actif. Dans le courant de mars, les Allemands parvinrent un jour à traverser l'Yser près de Diegrachten, mais ils furent rapidement repoussés par les Belges. Ils n'en conservèrent pas moins un petit poste avancé qui ne leur fut d'ailleurs d'aucune utilité. Mais ce léger avantage les enhardit et les poussa à tenter, quelques jours plus tard, un nouvel effort pour traverser l'Yser un peu plus au sud, à Saint-Jacques-Capelle. C'est dans la nuit du 8 au 9 avril que cette tentative eut lieu; elle commença par un bombardement dirigé par les Allemands sur les positions alliées, puis continua par une attaque d'infanterie contre nos avant-postes.

Vers deux heures du matin, toutefois, le calme se rétablit sur les deux rives de l'Yser. Mais les sentinelles belges veillaient. Soudain, leur attention fut attirée par un léger bruit sur l'eau : c'étaient les Allemands qui essayaient de passer sur la rive gauche. Ils avaient cette fois monté des mitrailleuses sur de petits radeaux et tentaient de traverser à la faveur de l'obscurité. L'alarme fut aussitôt donnée, mais avant que des renforts fussent arrivés, l'ennemi avait déjà débarqué en force et hissé sur la terre ferme quelques-unes de ses mitrailleuses qui ouvrirent un feu d'enfer sur les avant-postes belges qui durent se retirer. La situation ne tarda pas à devenir critique, car les Allemands, non seulement purent continuer à débarquer leurs mitrailleuses, mais parvinrent à capturer les sentinelles belges. Heureusement la ᵉ compagnie de fusiliers marins avait été prévenue, et elle arrivait à la rescousse, heureuse d'avoir enfin quelque chose à faire après de longs jours d'inactivité. En quelques instants, les 75 Français leur déblayèrent la route, puis brusquement le clairon sonna la charge. Baïonnette au canon, le visage résolu, les cols bleus s'élancèrent à l'attaque.

A partir de ce moment, dit un officier qui prit part à l'affaire, les choses ne traînèrent pas; les admirables fusiliers balayèrent les ennemis aux accents de la *Marseillaise*. Rien ne leur résista, en dépit de la grêle de projectiles qui s'abattit sur eux.

Un sous-officier qui tomba frappé d'une balle à 60 mètres augmenta encore leur ardeur en leur criant : « Hardi les cols bleus ! Nous n'avons encore jamais été battus ! »

Ce jour-là, à la nuit tombante, il n'y avait plus un seul Allemand sur la rive gauche de l'Yser; l'ennemi s'était précipité vers ses radeaux aussi rapidement que possible et était retourné d'où il était venu. Beaucoup d'Allemands périrent noyés, car plusieurs radeaux surchargés coulèrent. Les Français eurent même la satisfaction de les voir se battre entre eux à qui prendrait place, cependant que l'artillerie les canonnait énergiquement.

C'est au cours de ce combat que le drapeau de Lorient, présenté aux cols bleus par le Président de la République, vit le feu pour la première fois.

Dépêches officielles

Premier Communiqué

Les rapports complémentaires précisent les conditions dans lesquelles les Allemands ont réussi à faire, avant-hier soir, reculer nos lignes au nord d'Ypres, entre le canal de l'Yser et la route de Poelcappelle. Une lourde fumée jaune partant des tranchées allemandes et poussée par le vent du nord, a produit sur nos troupes un effet complet d'asphyxie qui a été ressenti jusque sur nos positions de deuxième ligne.

La contre-attaque prononcée hier nous a déjà permis de regagner une partie du terrain perdu. Notre situation est complètement consolidée et notre action se poursuit dans de bonnes conditions, avec l'appui des troupes britanniques et belges.

L'ennemi a prononcé une attaque aux Eparges, une autre à la Tête-à-Vache (forêt d'Apremont). Il a été repoussé.

Une attaque des Allemands au sud de la forêt de Parroy et une autre au Reichackerkopf ont été arrêtées par notre feu; l'ennemi a subi des pertes sérieuses.

Deuxième Communiqué

Au nord d'Ypres, les Allemands, dans la nuit de vendredi à samedi et dans la journée de samedi, ont tenté un effort violent pour exploiter la surprise provoquée avant-hier par leurs gaz asphyxiants. Cet effort a échoué.

Samedi, à l'aube, ils avaient réussi à enlever, sur la rive gauche de l'Yser, le village de Lizerne; une vigoureuse attaque de nos zouaves et des carabiniers belges nous a rendu ce village, que nous avons bientôt dépassé; nous avons progressé sensiblement sur notre gauche en liaison avec l'armée belge, plus lentement sur notre droite.

Les troupes britanniques, objet pendant ce temps d'une violente attaque, y ont riposté par une contre-attaque immédiate dont les résultats ne nous sont pas encore connus.

En Champagne, au saillant nord du fortin de Beauséjour, les Allemands ont fait exploser cinq fortes mines à proximité de nos tranchées. Malgré la violence de l'explosion, les entonnoirs, qui ont un diamètre de 25 mètres, ont été aussitôt occupés par nos troupes, qui y ont devancé l'ennemi.

Des combats très chauds se sont livrés au bois d'Ailly, où les Allemands multiplient des efforts désespérés pour reprendre les 700 mètres de tranchées que nous leur avons enlevés le 22. Après avoir dû évacuer ce matin une fraction de ces tranchées, nous l'avons reconquise dans la journée et nous nous y sommes maintenus.

Dans la forêt d'Apremont, à la Tête-à-Vache, l'ennemi nous a violemment bombardés, mais n'a plus attaqué.

25 AVRIL 1915

Les Français reprennent la plus grande partie du terrain perdu au nord d'Ypres. — Furieuse attaque allemande contre les Eparges. — Les alliés débarquent sur les deux rives des Dardanelles.

Situation des armées sur le front occidental

Il résulte des renseignements fournis par les dernières dépêches que l'offensive allemande sur Ypres est complètement enrayée et que nos contre-attaques se poursuivent avec succès. Nous continuons à progresser sur la rive droite du canal de l'Yser, malgré la ruée de l'ennemi contre nos troupes. Il a attaqué à nouveau, dans la matinée du 25 avril, dans la direction nord-sud, sur un front relativement restreint, avec des effectifs évalués à deux corps d'armée et en employant des gaz asphyxiants. L'échec allemand est sérieux et sur la rive gauche du canal de l'Yser un régiment allemand tout entier, qui s'était laissé cerner, a été anéanti. Les Allemands reçoivent continuellement des renforts, mais les alliés de leur côté concentrent des troupes en grande quantité et ne laissent pas à l'ennemi le temps de consolider ses positions. Dans la ruée sur Ypres, les troupes anglaises ont été brillantes; le contingent canadien s'est particulièrement distingué, mais il a éprouvé des pertes importantes. Dans la soirée du 24 avril, l'aile gauche anglaise a été violemment attaquée, mais elle s'est maintenue sur ses positions. L'effort désespéré des Allemands pour s'ouvrir à tout prix un passage sur Calais est donc définitivement enrayé. Les pertes ennemies sont évaluées par les journaux hollandais à 25.000 hommes, tant en tués que blessés; les nôtres, quoique importantes, sont loin d'atteindre ce chiffre.

D'autres opérations se poursuivent en même temps en Argonne, où nous avons enlevé une tranchée ennemie et pris deux mitrailleuses, et sur les Hauts-de-Meuse où nous avons repoussé une attaque allemande à la Tranchée-de-Calonne. L'attaque sur ce point était très sérieuse en raison des effectifs ennemis engagés : une division sur un front d'un kilomètre; elle a d'abord fait plier notre première ligne, mais elle a aussitôt été repoussée.

Le communiqué allemand du 25 avril reconnaît, chose rare, que ses avant-postes ont évacué Emberménil, à l'ouest d'Avricourt.
F. B.

Nouvelles diverses publiées par les journaux

— D'après un message privé de Berlin, reçu à Copenhague, les journaux de Berlin publient que la flotte allemande croise dans la mer du Nord, désireuse de se mesurer avec les escadres britanniques qu'elle cherche en vain depuis une semaine.

— On annonce de Londres que les ambassadeurs de France, de Russie, d'Italie et le ministre de Serbie ont conféré hier avec sir Edward Grey.

— Le vapeur français *Haïti*, venant de la Martinique, vient d'arriver à Santander. Le capitaine ayant appris en cours de route que son navire était poursuivi par un corsaire allemand, il a réussi à faire perdre sa piste à l'ennemi.

— Le kaiser vient de conférer la croix de fer de 1re classe au comte Zeppelin.

— Il vient d'être célébré à l'hôpital temporaire Fénelon, à Bar-le-Duc, le mariage du maître pointeur Grattepain, devenu aveugle après avoir été atteint aux yeux par une grenade, et de Louise Dufresne, avec laquelle il était fiancé avant la guerre.

— On annonce de Bâle que l'aviateur allemand qui a lancé dernièrement des bombes sur Belfort et sur Montbéliard, causant des dommages importants, est un nommé Charles Warnier, aviateur français, né à Montbéliard, qui a passé aux Allemands. Des affiches ont été apposées à Montbéliard, elles promettent une récompense de 5.000 fr. à celui qui abattra ce traître.

En Russie. — Dans la nuit du 23 au 24 avril, les troupes russes ont repoussé des attaques austro-allemandes dans la région de Kalvaria. D'autres attaques très violentes, dans la région du col d'Uszok, ont également été repoussées en infligeant de fortes pertes à l'ennemi.

Deux aviateurs russes ont jeté des bombes sur Neidenburg, causant des dommages à la voie ferrée.

En Turquie. — Les escadres alliées déploient une très grande activité contre les forts des Dardanelles et dans le golfe de Saros. Certains prétendent que le débarquement des troupes a commencé.

On télégraphie de Salonique que la Turquie a fait auprès des représentants des puissances neutres à Sofia des ouvertures de paix qui seront examinées dans une conférence, le 26 avril, à Sofia.

En Italie. — Des rumeurs circulent que l'Italie serait tombée d'accord avec la France, la Russie et l'Angleterre sur les conditions de sa coopération avec les puissances de la Triple Entente. La Serbie n'aurait pas à se plaindre des garanties qui lui seraient données.

Documents historiques, récits et anecdotes

La peur des baïonnettes françaises. — La scène rigoureusement authentique se passa ces jours derniers.

A l'état-major d'une division installée dans les environs de X..., on amène, pour l'interroger, un soldat allemand qui vient d'être fait prisonnier après une chaude affaire au cours de laquelle nos héroïques fantassins repoussèrent par une charge magnifique à la baïonnette une attaque ennemie. Le dialogue suivant s'engage alors entre l'officier chargé de l'interrogatoire et le Boche :

« — Es-tu content d'être prisonnier ?
« — Non j'aurais préféré être prisonnier des Russes.
« — Et pourquoi ?
« — Parce que les Français sont des Barbares... Oui, on ne peut pas les approcher sans qu'aussitôt ils ne vous embrochent avec leur baïonnette. »

Et voilà comment la baïonnette de nos fantassins est devenue pour nos ennemis un même sujet d'épouvante que le 75 de nos artilleurs.

Dépêches officielles

Premier Communiqué

En Belgique, nos contre-attaques se poursuivent avec succès en étroite liaison avec nos alliés.

Les Allemands, qui ont attaqué avec deux corps d'armée, ont continué à employer dans la journée d'hier des gaz asphyxiants. Certains de leurs projectiles non éclatés en contiennent une forte quantité.

Nous avons sensiblement progressé vers le nord, sur la rive droite du canal de l'Yser. Les troupes britanniques, malgré la violente attaque allemande signalée hier soir, ont, à notre droite, maintenu toutes leurs positions.

En Argonne, nous avons enlevé une tranchée ennemie, pris deux mitrailleuses et fait des prisonniers ; l'action, toute locale, a été des plus vives.

Sur les Hauts-de-Meuse, à la Tranchée-de-Calonne, les Allemands ont attaqué avec toute une division sur un front de moins d'un kilomètre ; ils ont d'abord fait plier notre première ligne, mais ont été ramenés en arrière par une contre-attaque.

Deuxième Communiqué

Au nord d'Ypres, le combat continue dans de bonnes conditions pour les troupes alliées.

Les Allemands ont attaqué sur plusieurs points du front britannique dans les directions nord-sud et nord-est sud-ouest; ils n'ont pas gagné de terrain. De notre côté, nous avons progressé sur la rive droite du canal par de vigoureuses contre-attaques.

Sur le reste du front, rien à signaler.

26 AVRIL 1915

Les Allemands sont repoussés aux Eparges. — Ils réoccupent en Alsace le sommet de l'Hartmannswillerkopf. — Les alliés débarquent dans la presqu'île de Gallipoli.

Situation des armées sur le front occidental

C'est sans doute l'amélioration de la température qui est cause de la grande activité qui paraît dominer sur l'ensemble du front, toujours est-il que la lutte est sérieusement engagée dans plusieurs régions. Les Allemands ont pris, depuis quelques jours, l'initiative de l'attaque mais il faut reconnaître qu'ils ne sont pas heureux, la fortune ne leur sourit plus comme au début de la campagne.

En Belgique, où ils avaient préparé de longue main la trouée des lignes alliées, ils en sont réduits, après un succès éphémère, à une pénible défensive. Les communiqués du 26 avril nous annoncent que nous avons fait des progrès très sensibles sur la gauche du front de combat, au nord d'Ypres et que nous avons infligé de grosses pertes à l'ennemi, nous le refoulons ainsi sur les positions qu'il occupait précédemment, il a fait à nouveau usage de gaz asphyxiants, mais nos soldats sont munis d'un appareil protecteur qui donne d'excellents résultats. Les Allemands se vengent en bombardant Ypres d'une manière intensive.

Quelques combats ont été livrés à Notre-Dame-de-Lorette, au nord de Chaulnes et près de Beauséjour mais ce sont des actions locales qui sont loin d'avoir la violence des véritables batailles qui se livrent dans le Nord.

Les Allemands ont subi un grave échec dans leur attaque contre les Eparges par Saint-Rémy et la Tranchée-de-Calonne, nous sommes restés maîtres de la position malgré la violence du choc effectué par deux divisions ennemies.

Dans les Vosges, les Allemands ont réussi, après un bombardement terrible, à s'emparer du sommet de l'Hartmannswiller. Nos alpins, surpris par la violence de l'attaque, ont été refoulés, mais il y a tout lieu de croire que là comme ailleurs le succès de l'ennemi ne sera que de peu de durée.

En résumé, les batailles qui se livrent sur le front nous font bien augurer de l'avenir puisque les plus violentes attaques ne peuvent entamer nos lignes.

F. B.

Nouvelles diverses publiées par les journaux

— Le paquebot français *Anatolie* vient d'arriver à Marseille ayant à bord onze Allemands, cueillis en mer, alors que montés dans une embarcation ils essayaient de gagner l'Italie. Ils étaient partis de Barcelone et appartenaient à des navires de commerce allemands mouillés dans ce port.

— Un avion allemand a survolé Cassel et jeté quelques bombes qui sont tombées dans les champs autour de la ville.

— Un avion allemand a essayé hier de survoler Belfort mais il a été chassé par le feu de l'artillerie sans avoir pu lancer de bombes.

— L'hôpital de Saint-Dié a été bombardé par les Allemands la semaine dernière, un blessé allemand a eu le bras droit emporté par un éclat d'obus.

— On apprend de Berlin que l'aviateur Garros a été interné à Magdebourg.

— Le tribunal correctionnel de Saverne vient de condamner l'abbé Kaspar à six semaines de forteresse pour avoir parlé, en chaire, de la destruction de la cathédrale de Reims dans un sens peu favorable aux Allemands.

— On annonce que la Bulgarie vient de commander 300.000 fusils à diverses usines italiennes. La livraison doit se faire dans un délai très court.

En Russie. — La lutte se poursuit dans les Carpathes mais elle paraît se concentrer dans la direction du col d'Uszok.

Les Austro-Allemands concentrent de nouvelles troupes pour enrayer l'avance russe contre la voie ferrée, cette avance étant une menace contre leurs lignes de communications.

Il se confirme que l'aviateur autrichien capitaine von Blaschle est prisonnier des Russes.

On annonce de Copenhague que l'Empereur de Russie, sur l'instigation du grand-duc Nicolas, a décidé de rendre à la Finlande la constitution dont elle jouissait avant 1898. Les troupes finlandaises s'étant conduites très brillamment, l'armée finlandaise serait reconstituée.

En Turquie. — Un communiqué de l'agence Havas fait connaître que le débarquement du corps expéditionnaire s'effectue sur la côte du golfe de Saros et sur plusieurs autres points. La flotte alliée bombarde les positions turques.

De son côté, la flotte russe bombarde continuellement à grande distance, les forts du Bosphore.

Le cuirassé anglais *Triumph* a été atteint il y a quelques jours par trois obus venant d'une batterie de la côte. Il n'a subi que des dégâts insignifiants et n'a eu que deux blessés.

Documents historiques, récits et anecdotes

Les vapeurs asphyxiantes. — Renseignements pris auprès des témoins oculaires de l'attaque allemande de Bœsinghe, il ne s'agit pas spécialement d'envoi d'obus asphyxiants, mais plutôt d'une sorte de vapeur poussée par des procédés encore inconnus des tranchées allemandes vers nos lignes. Nos soldats avaient d'ailleurs remarqué qu'il se passait quelque chose d'anormal derrière le parapet des tranchées ennemies, où des sortes d'ouvertures avaient été pratiquées. Les Allemands attendaient un vent favorable pour expulser des réservoirs ces vapeurs de chlore.

Les nôtres virent avec stupéfaction avancer en masse compacte des vapeurs noirâtres très denses. Profitant de cet instant de trouble, les Allemands sortirent de leurs tranchées, soutenus par le feu de leur artillerie. Les premiers soldats allemands avaient, paraît-il, le visage recouvert de masques qui leur permirent de franchir sans danger la zone empoisonnée.

Leurs obus asphyxiants. — *La France a de quoi riposter à l'Allemagne, nous dit un grand chimiste.* — Le nouveau procédé de guerre en usage dans l'armée allemande a causé une extrême irritation chez tous les civilisés qui ne peuvent admettre qu'on emploie des moyens déloyaux pour venir à bout de son ennemi.

Il nous a paru intéressant de consulter un des maîtres de la chimie moderne sur le nouvel engin de guerre

« Vous ne me voyez pas surpris, dit-il, de l'attentat que viennent de commettre les Allemands contre le droit des gens, et de la violation de leur propre signature, en employant, malgré la déclaration de La Haye qu'ils ont approuvée, des obus asphyxiants.

« Il ne fallait pas connaître la mentalité allemande pour

en douter. Mes obligations professionnelles m'ont mis en rapport avec des chimistes allemands, et je savais qu'un jour ou l'autre ils emploieraient contre nous l'arme que vous savez. Dès le début de la guerre, et pour ne pas leur laisser le bénéfice de leur initiative, nous aurions pu employer des obus asphyxiants mais non toxiques; nous n'avons pas voulu nous en servir.

« Je pense que, maintenant, nous n'aurons pas les mêmes scrupules, et que la réponse du berger à la bergère ne se fera pas attendre.

« — Maître, lui demandons-nous, connaissez-vous la formule des produits asphyxiants allemands?

« — Nos ennemis doivent en avoir de deux sortes. D'abord, il faut faire remarquer que ce n'est pas la première fois qu'ils ont employé les gaz asphyxiants. Il y a trois semaines — si je suis bien renseigné — ils nous avaient envoyé avec des mortiers, des bombes de 15 centimètres de diamètre qui, en éclatant dans nos tranchées, avaient annihilé l'ardeur combattante de nos poilus. Le coup réussit aux Allemands.

« Sans en avoir la certitude absolue, je crois qu'ils avaient chargé leurs bombes de chlorure de benzyle ou de chlorure d'orthonitrobenzyle.

Ces jours-ci, profitant d'un vent qui leur était favorable, ils ont laissé s'évaporer du brome ou du peroxyde d'azote, dont les vapeurs portées sur nos hommes les ont plongés dans un état d'anéantissement.

« Ces vapeurs, pénétrant jusqu'aux muqueuses des yeux, de la gorge et du nez, affectaient douloureusement l'homme déjà plongé dans un atmosphère irrespirable. Celui-ci se frottait pour faire disparaître la douleur, mais le geste produisait un effet contraire. Les Allemands n'avaient plus qu'à les faire prisonniers sans aucun risque, puisque nos malheureux soldats étaient dans l'incapacité absolue de se défendre.

« L'infamie du procédé est encore augmentée du fait

que les vapeurs du brome et du peroxyde d'azote sont toxiques.

« Mais vous pouvez rassurer les lecteurs de *La France de Bordeaux*, nous avons de quoi riposter, et quel que soit le produit employé par nos ennemis — toxique ou non — nous pouvons faire mieux qu'eux. C'est une erreur de croire que, dans la science chimique, les Français sont inférieurs aux Allemands. Nos ennemis peuvent se réjouir de ce qu'ils appellent une victoire allemande », ils ne se réjouiront pas longtemps. (*Petite Gironde*.)

Dépêches officielles

Premier Communiqué

En Belgique deux attaques allemandes débouchant de Paschendaele et de Brosdeseinde ont été arrêtées par les troupes britanniques. L'ennemi a alors bombardé Ypres avec violence. Notre action se poursuit le long du canal de l'Yser.

A Notre-Dame-de-Lorette, nous avons repoussé une attaque allemande.

Sur les Hauts-de-Meuse, la bataille se développe; l'attaque sur la Tranchée-de-Calonne, signalée hier, a été enrayée par notre contre-attaque et l'ennemi a été rejeté. Il a alors attaqué plus à l'est, vers Saint-Rémy, visant manifestement la reprise des Eparges. Un combat violent, précédé d'un bombardement intense, s'est engagé peu après sur les pentes est de cette position. L'attaque allemande a échoué.

Deuxième Communiqué

Au nord d'Ypres, nous avons fait sur la gauche du front de combat des progrès très sensibles et refoulé l'ennemi en lui infligeant de grosses pertes. Les Allemands se sont de nouveau servis de gaz asphyxiants, mais un moyen de protection a été mis en service qui a donné les meilleurs résultats chez nos alliés belges et chez nous.

Un vif combat d'infanterie s'est livré près de Fay, au nord de Chaulnes, pour la possession d'un entonnoir provoqué par l'explosion d'une mine allemande; nos troupes en ont délogé l'ennemi et s'y sont maintenues, malgré deux contre-attaques.

En Champagne, près de Beauséjour, les Allemands ont tenté une attaque qui a été immédiatement arrêtée.

Sur les Hauts-de-Meuse, les attaques allemandes sur le front Eparges-Saint-Remy-Tranchée-de-Calonne ont subi un échec complet. Malgré l'extrême violence de l'effort allemand, nous sommes restés maîtres de la totalité de la position des Eparges, dont les pentes sont couvertes de cadavres ennemis. A la Tranchée-de-Calonne, notre recul d'avant-hier, qui a été momentané et ne nous a coûté la perte d'aucun canon, a été immédiatement suivi de contre-attaques heureuses de notre part. Les Allemands avaient donné l'assaut avec au moins deux divisions.

Dans les Vosges, l'ennemi, après un bombardement d'une extrême intensité, a réussi à prendre pied au sommet de l'Hartmannswiller; nous occupons, à cent mètres de ce sommet, les positions où nous avait conduit notre attaque du 23 mars; c'est de ces positions que nous étions partis le 26 pour enlever le sommet par un assaut de sept minutes.

Le 25ᵉ fascicule paraîtra incessamment.

Réclamer les fascicules précédents.

www.ingramcontent.com/pod-product-compliance
Lightning Source LLC
LaVergne TN
LVHW051515090426
835512LV00010B/2533